誰にも頼れない

不登校の子の親のための本

不登校専門家
野々はなこ

あさ出版

早見表

不登校の子どもが辿る5つの段階

不登校の子どもが回復するまでの5つの段階とそこで起こる代表的なことを「1枚の図」にまとめました。不登校の全体のイメージを理解することで、不登校への理解がグッと深まります。

本書をお読みになる前に、さらっとで構いませんのでご覧ください。

扉開く期

（6カ月〜12カ月）

挑戦期

（3カ月〜12カ月）

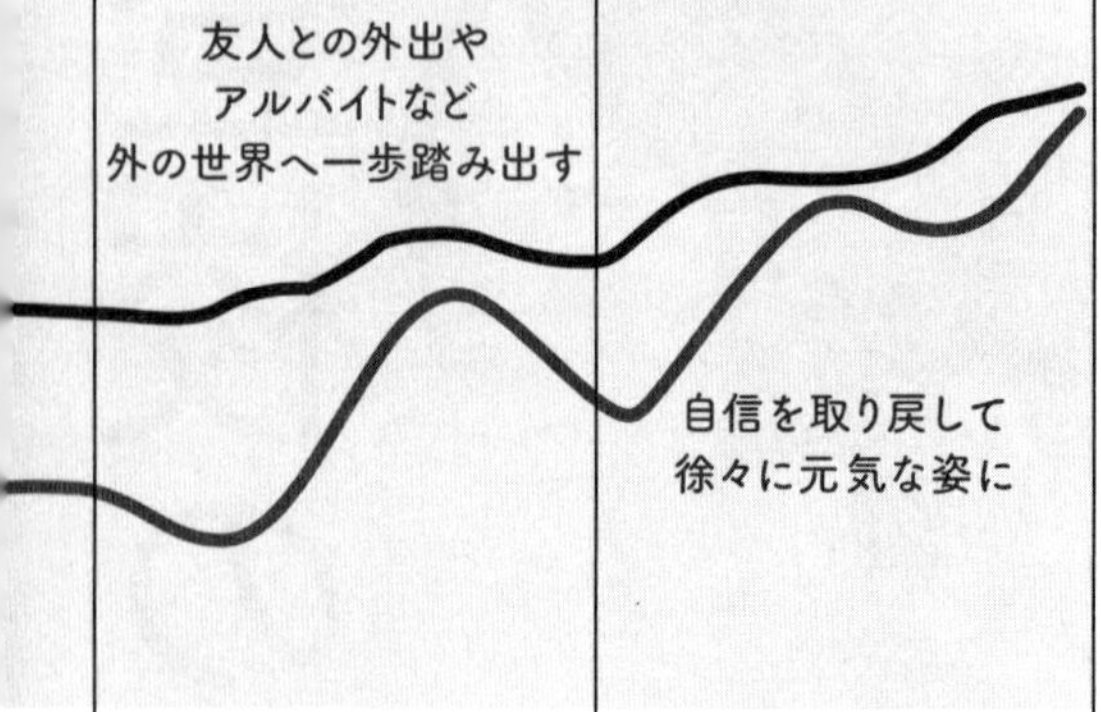
友人との外出や
アルバイトなど
外の世界へ一歩踏み出す
自信を取り戻して
徐々に元気な姿に

扉開く期

子どもの特徴

- 自分の部屋から出て、食事を一緒に摂る
- 前向きな言葉を口にし始める
- 歯磨き、入浴をし始める

親の気持ち

- 見守っていていいのか、背中を押していいのか迷う
- 動き出した途端、期待が大きくなる
- 以前のような先回りをしたくなる

詳細は83ページへ

挑戦期

子どもの特徴

- 美容院や散髪など身だしなみに気をつかう
- 活き活きとした表情をするときが増える
- 自分の考えや気持ちを親に話すように

親の気持ち

- 喜びと期待で胸がいっぱいに
- 完全に復活したと勘違いする
- 口出しをしたくなる衝動が湧きあがる

詳細は91ページへ

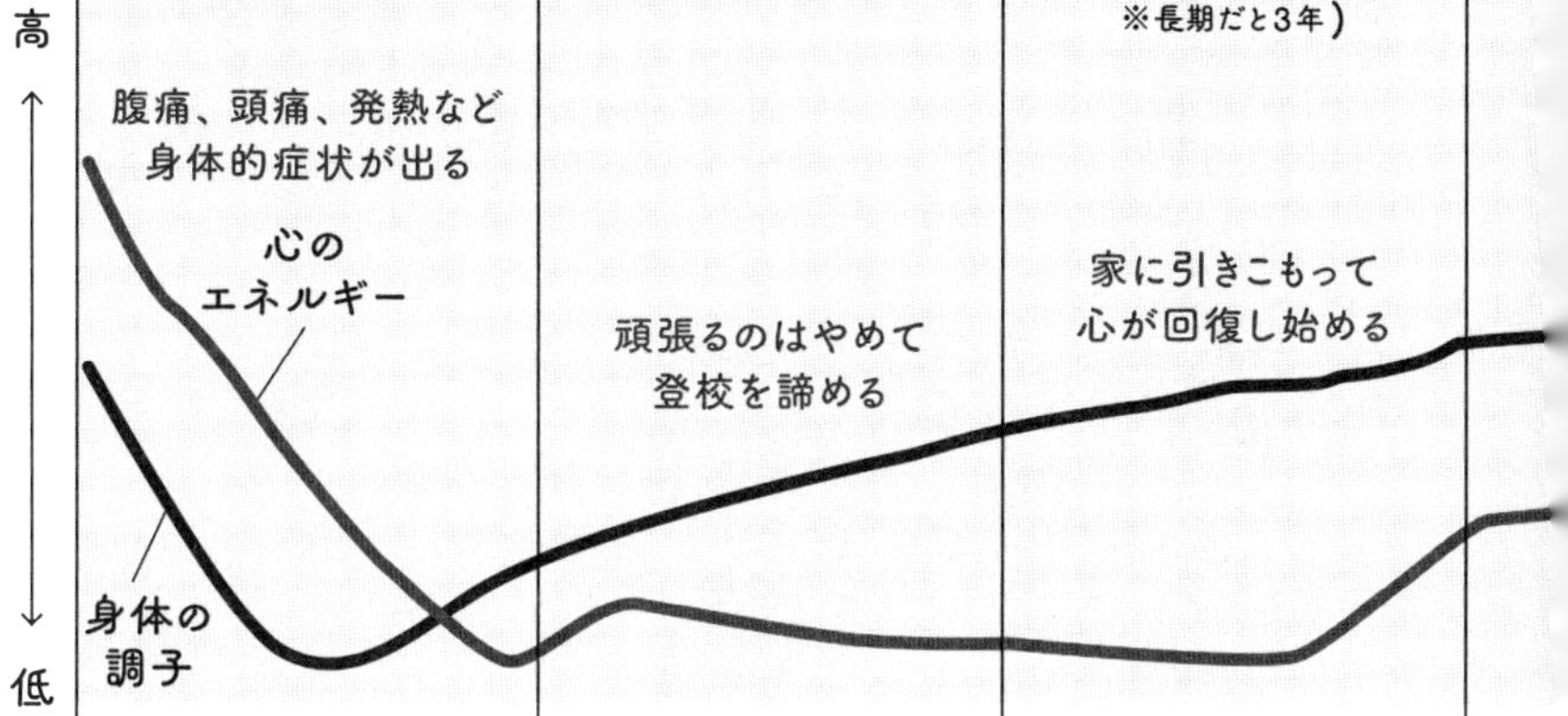

葛藤期

（1カ月〜3カ月）

子どもの特徴

- 身体的な不調が表れる
- 睡眠時間が減少する
- 食欲が減退する

親の気持ち

- 不登校だという現実を信じられない
- 学校に行かせようと試みるがうまくいかずに慌てる
- 学校への欠席連絡がつらい

詳細は58ページへ

諦め期

（1カ月〜2カ月）

子どもの特徴

- 身体的な不調が治まるか、軽症に
- 生活リズムが乱れる
- 食欲は少し戻るか、以前と同じに

親の気持ち

- 子どもが不登校だと認めるように
- 学校に戻したい気持ちが襲ってきて苦しくなる
- 先生から連絡がないと不安に

詳細は67ページへ

お籠もり期

（6カ月〜12カ月
※長期だと3年）

子どもの特徴

- 他人の目が怖くなり、外出できない
- 歯磨き、入浴をしなくなる
- 心のエネルギーが充電し始める

親の気持ち

- 同級生の子どもと比べて、落ち込む
- 甘やかしているという周りの声が気になる
- 子どもの様子を聞かれるのが嫌で人を避ける

詳細は73ページへ

はじめに

「誰か、助けて」


この本を手に取ったあなたは、そんな気持ちではないでしょうか。

子どもが不登校になると、まさか我が子が不登校になるなんてという衝撃と、何をすればいいのかさっぱりわからないという不安が押し寄せます。それは、まるで先の見えない真っ暗なトンネルにいるように思えるでしょう。

もっと言えば、次のような思いも抱えているのではないでしょうか。


「子どもの気持ちが全くわからなくなった」

「このまま子どもはどうなっていってしまうのだろう」

「私はどうすればいいのだろう」

そして、たどり着く先が誰にも頼れないという感情です。学校を頼っても、メディアの情報を頼っても不登校解決の糸口が見えなくて、文字通り、どうすればいいのかわからなくなってしまうのです。

本書はそんな不登校の問題で悩む親のために執筆しました。特徴は2つです。

不登校の子どもを現場でサポートしてきた実績

ひとつは思春期の不登校専門家としてのアプローチです。日常生活のなかで思春期の子どもが自分から外の世界へ踏み出すためにはどうすればいいのか。上記の視点で、これまで私は不登校の子どもをサポートする活動をしてきました。高等学校の教師として30年以上勤務し、学級担任、保健室担当、特別支援コーディネーターとして2万人の生徒と関わってきた経験を活かして、現在は専門学校で不登校の子どもたちを含めた学生の授業を受け持っています。

個人の活動でも「**不登校の親のお話し会**」を立ち上げて、不登校で悩む親に向けて個別相談を実施したり、不登校の子どものメンタル回復と自信を取り戻す方法を親にお伝えする講座を開催しています。

その結果、

「LINEが既読無視だった息子から3カ月ぶりに返事がきた」
「リビングで暴れていた娘が登校するようになった」
「暴言を吐いていた息子が、母親を気遣い料理をしてくれるようになった」
「恨みごとを言いながら暴力をふるっていた息子からハグされた」

といった嬉しい報告をたくさんいただいています。

我が子2人が不登校から立ち直った経験をもとに

もうひとつは不登校の親として経験してきたことからのアプローチです。

実は、私自身、不登校の子どもを育てていたことがあります。

当時、中学2年生だった息子が不登校になり、数年後には娘も高校へたった1日授業を受けただけで不登校になりました。

息子の場合、毎日のように言い争いがあり、暴れて家はボロボロになりました。一方、娘は品行方正で手のかからない娘でしたが、不登校になったことで心身ともに衰弱して歩くこともできなくなってしまいました。

まさに「**誰か、助けて**」という状況だったのです。苦しくて息が突然できなくなり、涙が無意識に出てくることも少なくありませんでした。

不登校の子を持つ大変さはその親にしかわからない部分があります。

例えば、学校に欠席連絡するときのつらさ、子どもが家で暴れるときの悲しみ、何よりも子どもの将来を考えたときの不安感は私たち親にしかわかりません。

先述の「**不登校回復講座**」では、我が子の不登校をどう乗り越えたのかその具体的な方法もお話ししています。

少し長くなってしまいましたが、本書はこれまで不登校の子どもとその親をサポートしてきた経験と、不登校になった我が子を大学にまで進学させた経験をもとに執筆しました。つまり、たくさんの子どもを見てきた教育者、不登校の子どもを持つ母親という2つの視点に基づいているのがポイントです。

「見守り」だけでなく、親からの働きかけも大切

これらの経験を経て、皆さんにまず知っておいてもらいたいことがあります。

それは思春期の不登校は、小学生の不登校とは全く違うということです。例えば親との距離感です。小学生は親との距離が近く、親に話を聞いてほしくてたまりません。手をつないだり、ハグしたりと身体的な接触を求めています。

ところが思春期に入ると親との距離を取ろうとし、小学生のような関わりを続けていると反発されます。性ホルモンによる2次性徴が起こるために、自分でも制御が難しくなる不安定な心理状態に陥りやすくなります。つまり思春期の子どもは複雑で不安定な心理状態にあるため、不登校の中学生・高校生に対しては、それらを踏まえた関わり方をしなければならないのです。

そのため、「見守り」だけではよくなりません。これは、多くの親子を見てきたからわかることです。思春期の子どもは、扱いにくく一歩間違うと言い争いになったり、

引きこもり状態になったりします。「見守り」は根本的な解決にはならず、抱えている問題をそのままに温存することになるのです。

では、どうしたらよいのでしょうか。

例えば、次のようなシーンを想像してください。

不登校の我が子は人見知りで、友人づくりに苦労しています。ある日、「自分はコミュ障」だと言って落ち込んでいました。このときにかける言葉は次のどちらが適切でしょうか？

A「社交性が低いのはお母さんと同じだからしょうがないことよ」

B「若い頃は誰だって人付き合いで苦労するものよ。何度もやっていくうちにうまくなるよ」

一見するとAでもいいように思えるかもしれませんが、Bが好ましいです。詳細は224ページで解説しますが、Aでは努力しても無駄だという考えに陥るからです。

一方で、Bであれば、いまからでも十分社交性を育てることができると意味が込められているためOKです。

不登校の解決には、こうした親子のコミュニケーションの積み重ねによって子どもに徐々に自信と安心感をつけさせていくことが重要なのです。

本書ではそのために「これだけすれば大丈夫」という実践ノウハウを厳選しました。

不登校回復の道のりに特効薬はない

もしかしたら皆さんの期待に外れてしまうかもしれませんが、私は不登校を簡単に回復させることができるとは思っていません。不登校はちょっと回復してまた戻ってを繰り返しながら、徐々に以前のように戻っていきます。不登校の子どもを回復させるにはどうしたって、ある程度の期間が必要なのです。

専門家のなかには「この方法（特効薬）を使えば、たった1カ月で学校へ戻せます」といった文句を謳っている人もいます。果たしてそんなことがあるのでしょうか。

1カ月で復学し、その後も登校を続ける例もあるかもしれませんが、それはごく一部です。不登校の問題の根幹（子どもの抱えているつらさ）に特効薬を使えば、必ず反動が起きます。すなわち、再び学校に行けなくなり外出が怖くなる時期が訪れます（102ページ参照）。しかも、子どもの苦しさを無視して学校に行かせたことで子どもは「親を怨む」という感情を持つようにもなります。

皆さんにはそのときになって「**特効薬**」は、実は「**劇薬**」だったのだと気付いて後悔することになってほしくありません。

本書はあのときの私に、そして現在進行形で私と同じように苦しんでいる皆さんのためにできる限り詳細に記しました。本書をお読みになったことで少しでも皆さんのお役に立てればこれほど嬉しいことはありません。

子どもの未来は、まだまだこれからです。

さぁ、子どもと自分のために一緒に頑張りましょう。

2025年2月　不登校専門家　野々はなこ

本書の構成

いまは不登校でも、子どもの未来は無限大です。親はその可能性を信じて支えてあげたいですよね。本書では不登校の子どもが充実した人生を送れるために、知っておきたいことを6つの章と付録にまとめました。まずは全体像を理解しましょう。

第1章

不登校の子どもは世界をどのように見ているのか。

本章では、不登校になったことに対する葛藤、親への反抗心の裏側にある本心、生活習慣が変化したことへの焦りなど、実際に子どもたちに聞いてわかったことをまとめました。不登校の子どものなかでは、大人が思っているよりもずっと複雑な気持ちが揺れ動いています。子どもの目線から不登校を理解することで、子どもに共感できる親へとまず近づくことを目的とします。

第2章

不登校から立ち直るためには、不登校に進行と回復の一定の道筋があることを親が理解することが大切です。

第2章は、不登校の子どもが辿る道のりを①葛藤期、②諦め期、③お籠もり期、④扉開く期、⑤挑戦期の5段階に分けて解説します。それぞれの時期における子どもの変化とその気持ち、親が陥りやすい行動などについて説明しています。

不登校の全体像を理解することで、子どものいまの状況がどの段階なのか、これから不登校脱出までどのような段階を経るのかを把握できるようになります。

第3章

不登校の子どもの親が持つべき姿勢を解説します。

特に、親が「学校に行かねばならない」と考えていると大切なものを失う傾向にあります。それは、「子どもからの信頼」です。親からのプレッシャーのせいで子どもの心が折れてしまうのです。

ここでは、不登校の子どもが目指すべきゴールとそれを実現するためのポイントを理解します。親自身のメンタルの安定にもつながり、子どもへのサポートも自然とうまくいくようになります。

第4章

第2章で解説した5つの段階ごとに不登校の子どもに親ができることを解説する章です。不登校の子どもを持つ親が実践して、改善や効果を実感できた方法を掲載しています。日常的にできることばかりなので、皆さんの状況を改善するのにきっと役立つでしょう。

第5章

不登校の子どもと関係を良好にしていく声かけを学んでいきます。子どもにとって、親の言葉は使い方によって毒薬にも滋養剤にもなります。

これまで親が子どものためだと思ってかけた言葉が、実は子どもにマイナスの影響を与えているということは少なくありません。

子どもの背中をそっと押す声かけとはどのようなものなのか。本章ではクイズ形式で確認します。紹介している声かけのフレーズは、我が子だけでなく高校の教え子達にも実際に使って効果抜群だったものばかりです。

第6章

不登校の子どもにとって進路は大きな問題です。集団生活に馴染めるのか、交通機関で移動できるか、そもそも勉強についていけるかといった問題は子どもだけでなく、親にも大きな不安となって押し寄せるでしょう。

本章では、留年、転校、進学という学生生活におけるターニングポイントで不登校の子どもの保護者に知っておいてもらいたい知識を説明します。進学面では、基本となる情報をメインに進路の全体像や受験の時期、特徴をわかるように解説しました。大切な子どもが進路を決めるときに慌てずにサポートできるようになります。

付録

第1章〜第6章までで掲載できなかったけれど、親からよく受ける質問を答えとともに掲載しました。さまざまな解決方法を知ることで、不登校の子どもに柔軟な対応ができるようになります。

目次

第1章　不登校の子が見ている世界

第2章　不登校の子どもはどのようにして回復するのか

第3章 不登校と向き合う親の基本姿勢

第4章

不登校の子どもが回復する親のための実践ノウハウ

第5章

声かけで親子関係を劇的に改善する

第6章

不登校の子どものための後悔しない転校・進学方法

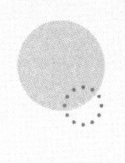

本文で紹介している事例はプライバシー保護の観点から名前等の情報を加工しています。

不登校の子どもを持つ親から、子どもが何を考えているのかわからないという相談をよく受けます。

小学生の頃とは違って、思春期の子どもは繊細な感情を抱きます。不登校の子の場合は親子関係が希薄になって、全く口を利かなくなるケースも少なくありません。そういった状況では親が困惑するのも致し方ないことです。

第1章では不登校になったことに対する葛藤、親への反抗心の裏側にある本心、表面上ではわからない生活習慣が変化したことへの焦りなど、実際に子どもたちに聞いてわかったことをまとめました。不登校の子どもの心は、大人が思っているよりもずっと複雑な気持ちが揺れ動いています。子どもの目線から不登校を理解することで、子どもに共感できる親へとまずは近づきましょう。

第1章

不登校の子が見ている世界

不登校になったことを人生の「失敗」だと感じている

私は自分の子どもが不登校になったとき、言葉では言い表せないほどショックを受けました。学校を休んでいるのに勉強もせずに家で過ごして、一体何を考えているのか。自分の置かれている状況がわかっていないのではないかと思ったことをいまでも鮮明に思い出します。

おそらく皆さんも同じ気持ちを抱いていることでしょう。

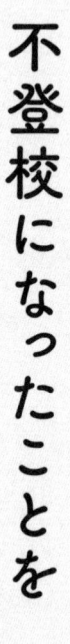

では、不登校の子どもは心の奥で何を考えているのでしょうか。

まず、子どもたちは登校できない状況を取り返しのつかない「失敗」だと認識しています。学校に行けない自分を価値のない人間として思い込んでいるのです。

これは私の憶測ではなく、近年の子どもたちのある傾向と深く関係しています。

順を追って説明していきましょう。

周りからの評価を異常に気にする

現在の高校生は、周りからの評価を極端に気にするようになりました。

20年前の教え子とは明らかに変わって、周囲を伺うようにオドオドする生徒がだんだん増えたのです。

例えば、わかりやすいのはクラス替えをする4月です。

クラス替えしたばかりの頃は新しい人間関係が始まるタイミングです。このとき、子どもたちには絶対に失敗してはいけないという考えが働きます。なぜならこの4月の過ごし方次第で、クラスのなかで1年間やっていけるかどうかが決まると思っているからです。

こういった考えは昔からあるにはありましたが、その度合いがとにかく極端に強くなっているのです。

この時期は授業中に生徒を当てても答えが返ってきません。

「あなたの意見を話してください」という生徒の考えを問うような質問だけではなく、「**3つの選択肢のどれですか？**」という問いに対しても「わかりません」という解答ばかりが続くのです。誰に当てても「**わかりません**」という異口同音の解答です。

悪目立ちして同級生に変な奴だと思われないように、できるだけ発言を避けようとし、この緊張状態の期間が長期にわたります。

実際に生徒にこの時期のことについて聞いたことがありました。多くの答えは「4月は目立ったら負けだから存在を消す」といった内容です。

周りからの評価を気にするのは、特定の状況のみではありません。

最近の子どもは容姿の美醜をとても気にするようになりました。

生徒達は「**美しいかどうか**」にこだわりを持っています。インスタグラムを見ると元の顔から大きく加工した美男美女の写真ばかりが並びます。「韓国旅行のついでに二重にしてきた」と言って、自分のまぶたを二重にしたり、実際に「**整形**」する子も少なくありません。

いわゆる、ルッキズム（見た目の良し悪しによって人の価値を判断する外見重視主義）の傾向が強くなっていると考えられます。他人からの評価に関係することは内面、外見関係なく何よりも重要なのです。

失敗を恐れて自意識過剰になる

こうした、子どもたちの周りからの評価へのこだわりを原因に生まれたのが「失敗を極端に恐れる」という思考です。

ある物事に取り組んだ結果、失敗してしまうと周りの評価が下がってしまう。だから失敗だけは絶対にしたくないと考えているのです。失敗の範囲には人間関係、学校の成績、容姿などが含まれ、大人からすれば気にするほどもないことでも恐れます。

例えば、もし周囲のことなど全く気にしない性格の子が失敗したとしましょう。周囲にどう思われようが「失敗はしたな」で済ませることができます。ところが周囲の目をとても気にしている子は、「価値のない人間だと周りに思われたくない」と失敗を恐れるのです。

失敗したとしてもさまざまな選択肢があっていいはずなのですが、子どもにはそれが考えられません（これらは現在の日本の教育が関係しているように思われますが、ここでは触れません）。

そして、子どもたちの最も大きな失敗のひとつが不登校なのです。

不登校の子どもは自信喪失の状態に

子どもにとって、「**他の子と同じようにする**」ということは失敗しないために重要な問題です。本来なら周りと同じように小学校に通い、中学、高校へと進んでいきたいのに、不登校の子どもは他の子と同じようにそれができません。

その結果、不登校の子どもは自信喪失の状態に陥るのです。

第1章

不登校の子が見ている世界

不登校の子どもが親に「**死にたい**」「**自分は価値のない人間**」という言葉を漏らすことがありますが、その背景にはこういった事情があると考えられます。

学校に行くことが重要なのであれば、遅刻してでも登校すればいいと思うかもしれませんが、遅刻での登校を嫌がります。教室に入るのが困難なのであれば、別室登校もできますが、それも長くは続きません。試験だって受ければ点数をもらえるのに受けようとしません。

なぜなのでしょうか。

登校しようにも不登校の子どもは自信を大きく喪失した状態になっているからです。

なぜ歯磨き、お風呂、着替えをしなくなるのか？

不登校になると何をするのも億劫《おっくう》になります。

「子どもが歯磨きをせずに、お風呂も入りません。大丈夫でしょうか？」

こんな相談を保護者からよくお聞きします。大人には不可解な行動に見え、このままではだらけて自堕落な人間になってしまうのではないかという気持ちになってしまいます。

私は次のように答えています。

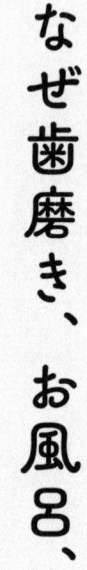

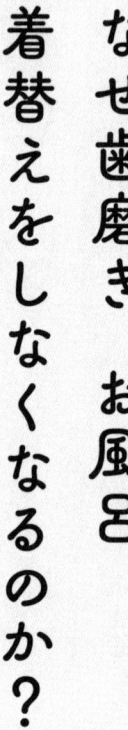

「不登校の子どもは皆さん、そうなんですよ。それが普通です」

不登校の程度には軽いものから重たいものまでさまざまですが、不登校になってからも歯をちゃんと磨いてお風呂にも入るという子は、軽症なケースです。不登校を失敗と感じて、生きる気力がなくなるほど落ち込んだ子どもは身だしなみにまで気が回りません。逆にいうと、身だしなみに気を使う気力も残っていないほど、打ちひしがれているという証拠なのです。

ここでもし親が、

「歯を磨きなさい。虫歯になるよ」

「何日お風呂に入っていないの？　不潔だ

お風呂なんかどうでもいいや…
やる気が起きない

よ」

という言葉をかけたら、子どもに大きなストレスを与えます。

表面的なことだけに目を向けて注意していては不登校の本質は理解できません。親には子どもの「つらい気持ちをわかってほしい」という思いを受け止めてもらいたいです。

心配しなくても、家で休息していれば徐々に気力が回復して、歯を磨いたり、お風呂に入り始めるタイミングが必ず訪れます。言い換えれば、「不登校らしい道のり」を辿っているだけですから、その意味では安心してもいいぐらいです。

私の子ども2人も、不登校のときには入浴せず、歯も磨きませんでした。元気になったら、身だしなみをちゃんとするのはわかっていましたので、特に気にかけませんでした。

皆さんのなかには健康面に悪い影響が出ると思われる人がいらっしゃるかもしれませんが、お風呂に入らなくても危機的な病気にかかることはないでしょうし、虫歯になっても歯医者に行けば済むことです。それよりも大事なのは、子どもの心に耳を傾けることです。私が主宰している「不登校回復講座」に通う受講生の保護者にも、「気にしなくてもいい」とアドバイスしています。むしろ、中学生、高校生にもなって親から「歯を磨きなさい」と言われることのほうが子どもにとってはストレスです。

不登校の子どもが勉強しないのはなぜ？

身だしなみの次に相談される質問です。

「うちの子ども、全く勉強しません。どうしたらいいでしょうか」

私の答えは、こうです。

「それはそうです。だって、お風呂に入らないくらいですから、勉強するはずもありません」

子どもは生きているだけで精一杯の状態です。生きる気力がなくなっているのに、勉強なんてするはずがありません。勉強に気が向くには順番があります。まずはグラグラになった精神状態を立て直して土台を作ることからスタートです。土台がしっかりできたら、やっと勉強へ意識が向きます。

皆さんは「**マズローの欲求5段階説**」について聞いたことがあるでしょうか。欲求を満たすのには順番があることを説明する有名な理論です（図1-1参照）。マズローの欲求5段階説は人の欲求を説明する心理学の理論ですが、不登校の子どもの行動を理解することにも役立ちます。

欲求は5段階のピラミッド型で説明することができます。

1段階：「**生存の欲求**」、生きるために必要な欲求です。睡眠、食欲、排泄《はいせつ》などです。この基本的欲求が満たされないと次の欲求を満たすことはできません。

2段階：「**安全の欲求**」、身の危険を感じないようにしたいという欲求です。健康、心、身体、経済的な安定などです。

3段階：「**社会的欲求**」、仲間とつながりたい、社会から受け入れられたい欲求です。

4段階：「**承認欲求**」、他者から尊敬されたい、称賛されたいという欲求です。

図1-1　マズローの欲求5段階説

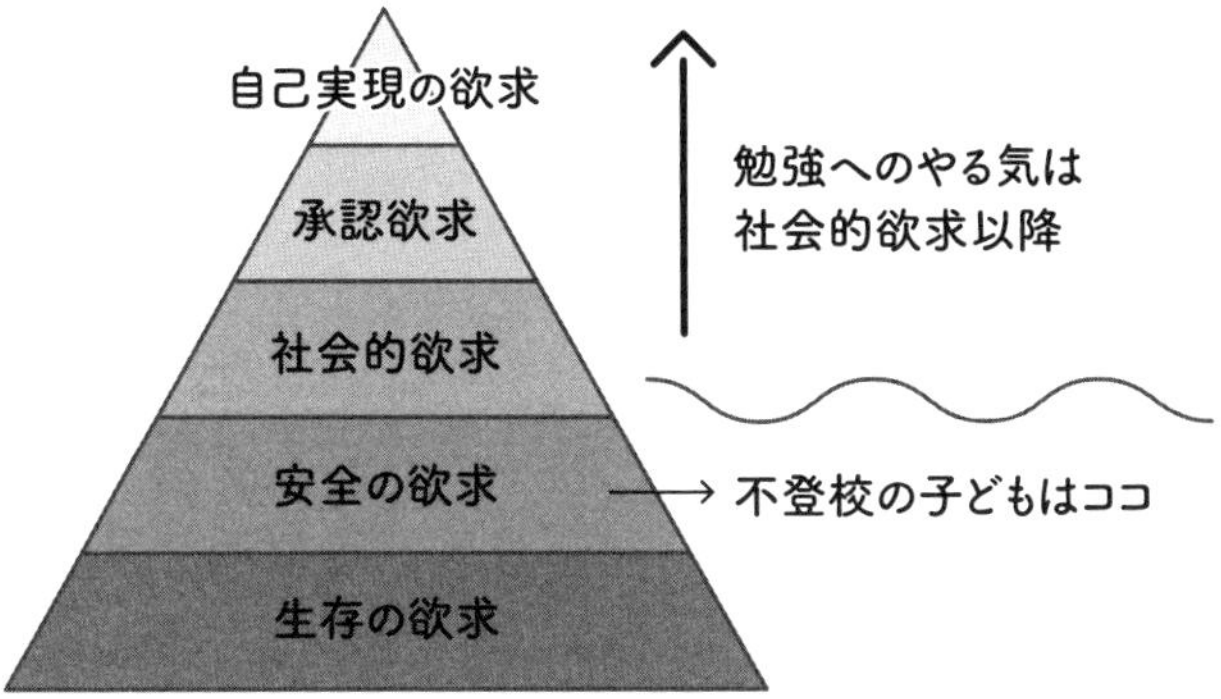

だから「安全の欲求」を満たすことが最優先

5段階：「**自己実現の欲求**」、自分らしくありたい、理想とする生き方をしたいという欲求です。

マズローの理論では、欲求は1段階から順に上に進んでいきます。つまり、生存の欲求が満たされたら、2段階の安全の欲求に進みます。1段目の欲求が満たされない状態では2段階目に進むことはありません。また、ひとつの段を飛び越して次の段に進むこともありません。ひとつずつ順番に進んでいくのです。

さて、子どもはいま、何番目にいると思いますか。

不登校になって家にいることを考えれば、2段階目の「安全の欲求」を満たそうともがいている段階ではないでしょうか。健康面、精神面での安全が満たされていない状態、つまり、子どもにとっての世界は学校が安全な場所ではなくなっているということです。

マズローの理論でいえば、勉強したいという欲求は3段階以降の段階で生まれます。勉強をしてもらうには、その大前提である安心できる居場所（家庭環境）づくりが大切というわけです。

ゲームをしているようで頭のなかは不安でいっぱい

不登校の子どものほとんどはゲームやSNSに夢中になります。最初は気晴らしや手持ち無沙汰を理由に始めますが、家にいる時間が長くなると、自分の部屋で自分1人だけで楽しめるため、だんだんとのめり込み、やめようと思ってもやめられなくなります。

親からすれば、昼夜逆転や勉強を阻害する原因に感じられるためになかなか厄介な問題です。

このままじゃ ダメなのは
わかってるけど
どうしたらいいの…？

スマホに夢中になる3つの理由

「毎日スマホで朝寝坊して、勉強せずに気楽に暮らしているように見えてしまいます」

実際、不登校の子を持つ親はどなたも、このように頭を悩ませています。

しかし、スマホに夢中に見える子どもは、心のなかでは葛藤していることが多いです。

以前、不登校の子どもたちにゲームをしているときの心境を聞いたことがありました。ゲームの世界に浸って楽しい気分になっていると思われる大人は多いかもしれませんが、実際には「そろそろ勉強しないといけないけれど、どうしよう」「このままゲームしてるとダメになるだろうな」といった答えが多数を占めました。

決してゲームを楽しんでいるわけではなく、ゲームをしながらも頭のなかでは「学校に行けない価値のない自分」と感じて責めているのです。それほど不登校になっている状況は子どもの心の重しとなって、苦しい感情を生みます。

子どもからスマホを取り上げないで

私は子どもからスマホを取り上げるべきではないと思っています。悪い面ばかりではなく、不登校の子どもにとっては大きなメリットがあるからです。

主に次の3つです。

①現実逃避　つらい気持ちを軽減する
②友人とのつながり　ゲームやSNSのバーチャルな世界の友達に会える

③心の支え　「推し」の動画を観ることや、ゲームで勝つことで心を支えている

※推しとは「人に勧めたいと思うほどに好感を持っているモノや人」のことです。

この3つは子どもにとってとても重要です。

ひとつ目は、不登校の子どもたちは、学校に行けないという現実に、強いストレスや不安を抱えています。このような状況では、勉強や将来について考えることさえつらく、ゲームやスマホに熱中することで、つらい現実から一時的に逃れ、心を休ませようとしているのです。

ふたつ目は、不登校になると学校に通っていないことから、友人とのつながりが希薄になりがちです。しかし、オンラインゲームやSNSは、場所を問わずに他人とコミュニケーションを取ることができるため、不登校の子どもたちにとって、友人とのつながりを維持するための貴重な手段のひとつとなります。

オンラインゲームでは、面識のない人とつながりを持つことで、安心感や一体感を覚えて癒やされる傾向があります。SNSは、友人関係を保ちながら、近況を共有することで孤独感を減少させる傾向があります。

3つ目の心の支えも重要です。

特に、最近では「**推し活**」という言葉があるように、実在する人間（アイドル）だけでなくアニメのようなバーチャルな存在（キャラクター）のコンテンツを視聴したり、グッズを集めたりすることが心の支えになっているようです。ファン同士での友情を芽生えさせるきっかけにもなります。

他に、ネットやアプリのゲームの世界に没頭し、ゲームのなかで上位のランキングになったり、対戦型ゲームで敵を倒したりすることで自己肯定感が上がり、ダメだと感じている自分を忘れられることも子どもたちにとって大きな価値です。

不登校の子どもにとってゲームやスマホの世界は、単なる娯楽ではありません。むしろ、いまを生きていくために必須のアイテムなのです（ライフラインといってもいいかもしれません）。

私が思春期の子どもからゲームやスマホを取り上げないでほしいと伝えているのはこのような理由からです。「あのとき、取り上げないでいてくれたからいまの自分がある」と大人になってから思ってもらえるはずです。

親が何も言わないのに怒るのはなぜなのか？

「**何も言わないで、見守りましょう**」

不登校の子どもへの関わり方として、よく言われることです。

できるだけ見守ろうと思っていても、何もしない子どもに対して業を煮やしてついつい口出しをしてしまうことはないでしょうか。事実、見守りの基本である口出しをやめることは、そう簡単ではありません。

頑張って実践したとしても、それが逆効果になることもあります。

例えば、不登校のご家庭によくある次のシーンを想像してみましょう。

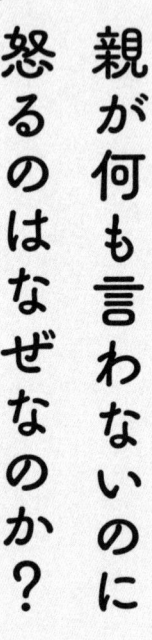

ある日の夜、不登校の子どもが久しぶりに自分の部屋から出てきました。

子どもはスマホをひとときも放すことはしません。

夜ご飯もスマホに目を移しながら、口に運びます。

母親は普段であれば、子どものことを心配して、「そろそろ休学するのか、転学するのか、それとも退学か早く決めない？」などと口を出していますが、見守りをしっかりしようと決断して、いまは何も言いません。

口を出さなければ子どもの機嫌も悪くならないはずです。

しかし、次の瞬間。

「言いたいことあるんだったら、言えばっ！」

子どもがバンっとダイニングテーブルを叩き、大きな音を立ててドアを閉めて出ていってしまいました。


いかがでしょうか。このような経験をされた親は少なくないでしょう。

口を出さないように頑張って見守ろうとしたのに、うまくいきませんでした。

なぜ見守りがうまくいかなかったのか、振り返ってみましょう。

子どもは親の不安を敏感にとらえる

私の知る限り、不登校の子どもが部屋から出てくるのは気まぐれです。ずっと部屋に閉じこもっていたから気分転換に出てくるということも少なくありません。

しかし、いつも口出しをしてくる親を前にすると「あ、嫌だな」という気持ちが湧いてしまう子どもは多いようです。

理由は「**また何か言われる**」と思ってしまうからです。

もちろん、それを反省して多くの親は口出しをやめようとしているのでしょうが、思春期は大人の感情に敏感です。親が冷静に食事を摂っている状態を装っていても、心のなかにある「余計ことを言わないでおこう」といった気持ちを感じ取って、「この先どうなるのだろう」「学校に行かなくても大丈夫なのか」というような親の不安や心配を鋭くとらえてしまうのです。

その結果、親が自分を問い詰めようとしていると勘違いして、先述の通り、「溜まったイライラ」が噴出するわけです。

子どもが親の表情をくみ取りやすい理由

不登校の子どもがこのような行動を取る原因は、親の負の感情をくみ取るからだと説明しました。この説明だけだと納得できない人もいるかもしれません。しかし、これは思春期特有のネガティブなものに過剰反応する脳の働きからも説明できることがわかっています。

親のちょっとした表情から負の感情を察知して敏感に反応するのは、扁桃体《へんとうたい》という脳の内側にある原始的な部位の活動が原因だと考えられています。扁桃体には危険な状態に直面したときに「戦うのか逃げるのか」を即時に判断する機能が備わっているのですが、厄介なことに扁桃体は性ホルモンの影響を受ける部位なのです。

第二次性徴期には多量の性ホルモンが分泌され、性ホルモンが扁桃体を刺激すると、

暗い顔してなんなの
学校や勉強のことばっかり
心配してるだけじゃん

子どもたちは怒りや不安、恐怖などの負の感情（ネガティブ感情）に対して反応しやすくなります。そのため親のちょっとした表情から負の感情を察知して過剰反応してしまうのです。

そのうえ不登校の子どもは不安感情が大きく、いつも自分が非難されているのではないかという恐れを抱いています。不登校ではない子どもに比べて、必要以上に敏感になっていることが想像できます。

先ほどの例を振り返ってみましょう。

一見すると親は冷静に食事を摂っていますが、内心では「余計ことを言わないでおこう」と自分の気持ちを抑えようとしていました。これは素晴らしいことで、頑張って努力されていると思います。しかし、親は、普通に振舞っているつもりでも、表情の暗さが出ていることが多い傾向がありま す。不登校の相談会で保護者と最初に会ったとき、びっくりするくらい皆さん暗い雰囲気で顔もやつれています。とても思いつめていて、家での張りつめた雰囲気が想像できるほどです。

初めて会う私が不安な心情を想像できるのですから、毎日顔を合わせているお子さんならなおのことでしょう。

私も同じでした。息子が不登校のときに、努めて明るく振舞っていたつもりでしたが、先日息子にこのようなことを言われました。

「そういえばお母さん、僕が家にいたときはいつも眉間にしわを寄せた顔してたね」

親は「見守りしています」と言われますが、顔を合わす度に険悪なムードになっているのは、子どもにネガティブな感情を察知されている可能性があります。いくら黙っていても、子どもには不安感が伝わってしまっているからです。

親のせいにしたいと思いながら親に申し訳ない気持ちで葛藤

不登校の子どもは親に対して２つの気持ちで揺れ動いています。

ひとつ目は、「親のせいにしたい気持ち」です。

「親のせいでこんなふうになってしまった」「親がレベルの高い学校を受験しろと言ったせいだ」などと考えてしまいます。これまで親が手を取り世話を焼いてきた場合、他者に責任を求める他責思考になっているのです。

他責思考でなくとも、不登校という現実を受け入れるまでに親を責めたい気持ちは誰にでも生まれるものです。「**自分のせい**」ではなく「**親のせい**」にすれば、心が少し軽くなります。

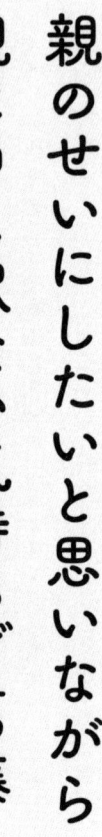

ふたつ目は、「親に申し訳ないと思う気持ち」です。「学校に行けない自分でごめんなさい」「迷惑をかけて申し訳ない」という気持ちです。

どんなに親を無視したり反抗したりしていても、心の奥底では、迷惑をかけている自分を責めています。申し訳ないと思うのは、自分を価値のない人間だと思っているからです。

このような2つの気持ちの狭間で揺れ動いているのが、不登校の子どもの心のなかで起きていることです。

実際、高校で担任をしていたクラスの不登校の子どもたちは、つらい気持ちをこのように話してくれたことがあります。

「親に申し訳ない」
「自分のせいで親に迷惑をかけている」

問題があまりに大きすぎて親のせいにしてしまっている部分もありますが、心のなかでは親に迷惑をかけていることに申し訳なさを感じているというわけなのです。

自立する大人へと成長している段階

子どもたちは心のなかで申し訳ないと思っていると説明しましたが、子どもがそれを行動で示すことができるかといえばそうではありません。思春期の子どもは複雑なのです。

例えば、あなたは子どもから話しかけてもらえずに苦しい思いをしていないでしょうか。不登校になる前は仲がよかったのに、あまりのギャップにショックを受けている親は少なくありません。

なぜ子どもとの関係性が変わってしまったのでしょうか。

最もよくあるのが、親にあれこれ言われるのが嫌で一切話さないということを子どもが選択しているパターンです。

例えば、大事なことなのに耳を貸さなかったり、話さなかったりするのはその話に「拒否」を示しています。「いまはその話をしたくない、触れられたくない」という子どもの意志表示です。

親に申し訳ないと思いながらも、あれこれと口を出してほしくない。

この点を理解していなければ、最悪、部屋に閉じこもって、一切親と話をしなくなる状態に陥ってしまいます。

いずれにしても子どもは大人へと成長している段階です。そんな不安定な時期なのだと意識して子どもに寄り添っていけば、親を疎ましく思う気持ちも理解できるのではないでしょうか。

不登校から立ち直るためには、不登校に進行と回復の一定の道のりがあることを理解することが大切です。不登校の全体像を理解することで、子どものいまの状況がどの段階なのか、これから不登校脱出までどのような段階を経るのかを把握でき、対策が立てやすくなるからです。それに伴って親の不安も解消されることでしょう。

第２章は、不登校の子どもが辿る道のりを①葛藤期、②諦め期、③お籠もり期、④扉開く期、⑤挑戦期の５段階に分けて解説します。それぞれの時期における子どもの変化と気持ち、親が陥りやすい行動などについて詳しく説明します。不登校の子どもが辿るペースがわかるように、各段階に次の段階へ移行するために必要な目安期間も記載しました。

なぉ、目安期間を書くかどうかはとても悩みました。なぜなら、不登校の回復までの道のりは個人差がとても大きいからです。私が指標を示すことで読者の皆さんを焦らせてしまうのではないかという心配もありました。しかし、全体の道のりを把握して、方向性を見失わないことは不登校を乗り越えるために大きな意味があります。

目安期間より長くなっても落ち込まないでください。子どもは一人ひとり個性があって当然ですので、ゆっくり進んでいても回復に向かっていれば問題ありませんのでご安心ください。

第2章

不登校の子どもは どのようにして 回復するのか

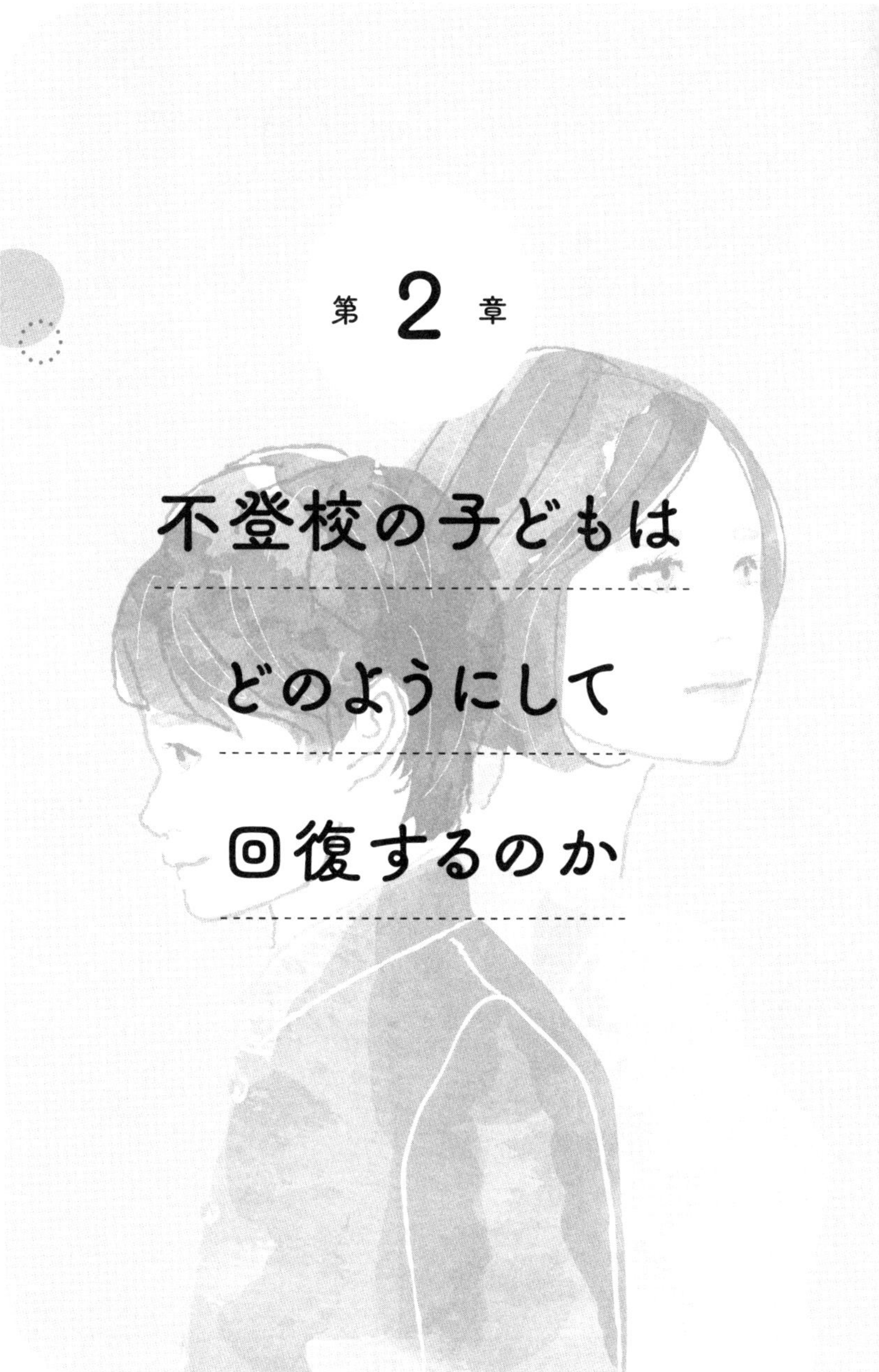

第2章の大事なポイント

ポイント①

葛藤期

不登校かどうかは
午後の　　で判断する

ポイント②

諦め期

生活リズムが乱れて、子どもは　　をしなくなる

ポイント③

お籠もり期

多くの不登校の子どもが「　　」と言う

ポイント④

お籠もり期

一人になる時間を持つことで
子どもが（　　　　）を充電し始める

ポイント⑤

扉開く期

子どもから（　　　　）な言葉が出るようになる

ポイント⑥

挑戦期

自分の（　　　　）や（　　　　）を
親に話すようになる

◀◀◀ 答えは295ページ

①葛藤期（1カ月〜3カ月）

学校に行きたくないのに登校しようとして体調を崩す

葛藤期の子どもの特徴

・身体的な不調が表れる（吐き気・頭痛・腹痛・微熱が続くなど）
・睡眠時間が減少する（眠れない・夜中に何度も目を覚ます・うなされる）
・食欲が減退する（以前に比べて急に食べる量が減った、偏食が始まった、食べてもすぐに嘔吐）

葛藤期の子どもの気持ち

・学校に行かなければならないと思っている
・頑張れば行けるはずだと考えている

葛藤期の親の気持ち
・まだ不登校だという現実を信じられない
・あの手、この手で学校に行かせようと試みるがうまくいかずに慌てる
・学校への欠席連絡がつらい

不登校になりたての時期を本書では「**葛藤期**」と言います。子どもが本当は「**学校に行きたくない**」のに、頭のなかでは「**学校に行くべきだ**」と葛藤している時期です。無理して学校に行こうとする反動で、頭痛や吐き気など身体的な不調が表れやすいのが特徴です。なお、一般的に不登校とは、心理的・社会的要因で年間30日以上欠席した状態を指します。

不登校になる子どもは突然、登校しなくなるわけではありません。

何かしらの原因（107ページ参照）で学校に行くことが難しくなると、学校に行ったり、休んだりを繰り返す「**さみだれ登校**」をし始めます。さみだれ登校とは、週に1〜3回ほど登校することです。欠席が多くなると自分のクラスとは別の教室で課題を行う「別室登校」といった方法を先生から提案されることがあります。あまりに体調が悪いときには「保健室登校」をすすめられることもあるでしょう。

しかし、原因が明確にわからない場合は、継続的な登校にはつながらないことが多く、体調をどんどん悪化させながら不登校の程度が進み、本格的な葛藤期に移ります（いじめや友人とのトラブル、先生との不和の場合は、それらの原因対象から物理的に離れると改善が見られることもある）。

不登校が原因の不調は薬で完治しないことも

子どもの体調の変化は、さみだれ登校で表れやすいです。

子どもによって症状は異なりますが、頭痛、発熱、腹痛、動悸《どうき》が一般的です。

最もよくあるのは腹痛で、下痢が続き、嘔吐をすることもあります。頭痛の場合、最初は片頭痛がたまに発生する程度だったのが頻繁に起こるようになるほか、突発的に高熱が出たり、微熱が長く続いたりすることもあります。不調の頻度が多くなり、「**これは風邪などの病気ではない**」と周りからもわかる状態になるのが葛藤期に起きる特徴的な変化です。

体調不良は、2、3日様子をみても一向に回復せず、内科からもらった胃薬や風邪薬で完治することはありません。そうして再診するべきか悩んでいるうちに、1週間連続して休むようになっていきます。

これは子どもの心のなかで「学校に行かなければならない」と思っているのに、身体が「行けなくなる症状」を出してブレーキをかけている状態だと説明できます。思考と身体の調子が相反する状態、すなわち「葛藤」しているのです。

身体的な症状が強くなっていき、朝起きられなくなる

体調が優れないにも関わらず、子ども本人は登校しようとします。

よくあるのが次のようなパターンです。

日曜の夜に「月曜からは登校しよう」と思って、学校に行く準備をするのですが、朝起きて学校の制服に着替えると、だんだん表情が暗くなって腹痛や頭痛が起こってしまう。食事が喉を通らずに、身体的な症状が出てしまうのです。

最初はそれでもなんとか家を出て学校に到着するけれど、途中で耐えきれなくなって、保健室で過ごしたり、早退したりする子もいます。

さらに欠席が増えていくと、だんだんと朝起きられなくなる段階に移ります。「行かなくちゃ、ダメだ。授業に遅れる」と自分に言い聞かせる子どもも多いのですが、どうしてもベッドから出られずに、身体的な症状も激しくなっていきます。

なぜ昼になると元気になるのか

ただ、朝は具合が悪いのにお昼には回復して、夕方にはいつも通りの元気な子どもになっていることが不登校の子どもには多くあります。子どもに話を聞くと「明日は学校に行く」と言うのですが、翌日の朝はまた起きられません。でも、昼過ぎになると元気になります。親によっては、「仮病なのか」と悩む人もいらっしゃるほどです。

しかし、これには理由があります。

本人からすれば、夕方になると気分がよくなるので、親から「明日は行く？」と聞かれると、「行く」と答えてしまうのです。子ども本人は親を騙そうなんて思ってはいません。

後述しますが、葛藤期以降の時期は「行きたくない」という気持ちを自分で受け入れられるので、気持ちは少し楽になるのですが、葛藤期は「行かなければならない」という理性と「行きたくない」という本心が一致しません。自分でもどうしていいのかわからずにつらい思いをするのです。

葛藤が続くため、子どもにとって最も苦しい時期です。いままで泣いたことのないような子どもさえも、涙を流すようになります。学校の準備をしながら泣く、登校するために玄関まで行ったのにうずくまって泣いてしまうといったこともあるのです。

いずれにしても、このような子どもの姿を見て、尋常ではないと親は気付きます。

不登校と病気の見分け方

葛藤期の一番の問題は普通の病気と見分けがつきにくいことです。特にさみだれ登校の初期に身体的な不調が出ている場合は親は病気なのか、不登校なのか悩み出すことでしょう。

変化は身体的なものだけではなく、メンタル面にも表れます。

・表情が暗い

・口数が減った
・笑わなくなった

何か思いつめている感じがするのがこの時期です。

つまり精神的な問題を抱えているような表情を見せ始めるということです。

この他に、眠れなくなった、いままで興味があったことに興味が持てなくなる、感情が不安定になる、集中できないなど、誤解を恐れずにいえば、うつ状態の人のイメージに似ています。

なかには、いつもと変わりなく愛想よく会話する子どももいます。そういった場合では不登校かどうか判断がつきにくいのですが、不登校かどうかは、学校の話をしたときの態度で見極めるとよいでしょう。


「友人のAさん、元気にしてる？」

「中間試験はいつから？」

このように学校の話を投げかけて急に態度が変わったり、無口になったり、席を立ったりするなどの様子が見られたら、トラブルを抱えている可能性があります。

1~2週間ほど様子を見続けましょう。学校関連の話で急に態度が変わるからといって不登校だとすぐに判断できません。例えば、友人との喧嘩が原因で元気をなくしていただけですぐに解決することもあるからです。もしそうであれば、すぐに体調がよくなるのでわかりやすいです。

一方で、朝に起きられなくなって欠席するものの、午後になるとけろりと体調がよくなる場合は不登校の可能性が高いです。この状態が1週間ほど続くのであれば不登校が始まったのだと言えます。

② 諦め期（1カ月〜2カ月）

身体の不調は改善するが昼夜逆転の生活が始まる

諦め期の子どもの特徴

・身体的な不調が治まるか、軽症になる
・生活リズムが乱れる（睡眠時間が極端に長くなる。昼夜逆転が始まる）
・食欲は少し戻る

諦め期の子どもの気持ち

・学校に行かなきゃならないという焦る気持ちからの解放

・学校への思いは捨て切れずにいるので、学校関連の言葉に過剰反応する
・気持ちを紛らわせるためにゲームや動画視聴、SNSに没頭する

諦め期の親の気持ち

・子どもが不登校だと認めるようになる
・見守りを決めているが、時折り学校に戻したい気持ちが襲ってきて苦しくなる
・担任の先生からのコンタクト（連絡）がないと不安になる

諦め期はその言葉の通り、不登校の子ども本人が登校への意欲をなくして、諦めの境地に至ります。

心身の調子が悪化する葛藤期がある程度続くと、「学校に行かなければいけない」と思い込んでいた状態から、「**自分は本当は学校に行きたくないと思っている**」と認識が変化します。その結果、朝起きることができない自分を認められるようになって、頑張るのはやめて登校を諦める心境になっていくという流れです。

インターネットの世界に入って、昼夜逆転に

子どもの体調は葛藤期のどん底状態から抜け出して改善されていきます。完調とまではいかないかもしれませんが、思考と行動が一致してくるので、身体的な症状も治まって、元気な状態に戻っていきます。

一方で、学習への意欲がなくなって勉強をしなくなるのがこの時期の特徴です。これには登校のために宿題をしたり、試験に向けて勉強したりする必要性がなくなってしまうことが関係しています。

さらに、学校に行かなくなることで生まれた時間が、ゲームや動画視聴などに費やされたりするなど、インターネットの世界へとつながる時間が増える傾向にあります。就寝時間になってもネットとつながり続けて、それが明け方まで続くことも珍しくありません。

いわゆる**昼夜逆転**です。

寝る時間がズレるということは起きる時間も徐々に遅くなっていくことです。そのため、食事の時間もズレていき、登校していた時期とはライフスタイルがまったく変わってしまうことに驚かれるでしょう。

学校との接触も減って気分がずいぶんと楽になる

学校からの連絡にも変化が生じます。

不登校の初期では、担任の先生から毎日電話があったのが週に1回、10日に1回の頻度に変わっていき、葛藤期に比べると随分減ります。

保護者が連絡プリントを学校に受け取りに行く回数、学校からの電話も同じように頻度が減ります。こうした状況の変化は、子どもにとってプラスの影響が生まれます。担任の先生から「学校にいつ来るの？」という電話や、親から「行きなさい」という言葉が減ってくることにつながるので気分が楽になっていくのです。プレッシャー（担任の先生と親）からの解放を感じます。

こうして諦め期では「行かなければならない」という思考を手放しますが、決して心が晴れやかになっているわけではありません。

子どもは、とりあえずいまは学校に行かなくてもいいけれど、ずっと休み続けるわけにはいかないと思っているのです。だから、心の片隅では「いまのままではダメだ」と悩みながらも、つらい気持ちを忘れるためにゲームや動画視聴の時間が長くなるという関係性が見受けられます。

親のイライラが溜まる時期でもある

頭痛や発熱、腹痛がすっかり治ると（もしくは軽度）、親は登校への拒否反応が身体症状として表れていたのだと考えるようになります。

病気ではなく、我が子は不登校なのだと認識します。

「まさか我が子が不登校になるなんて」と衝撃を受ける方も多いでしょう。

多くの親は不登校に関する情報を慌てて集め、「見守りましょう」という意見にたどり着き、その通りに実行しようとします。

しかし、学校に行かずに勉強もせず、ゲームやネットで遊んでいる姿が増える諦め期は、親のイライラが募る時期であり、このまま見守っていると何も変わらないのではないかという将来への不安と苛立ちの気持ちでいっぱいになります。

学校に戻したい気持ちが襲ってきて苦しくなるときもあるでしょう。

しかし、第1章でお話したように、子どもはのんびりくつろいでいるように見えますが、実際には親の顔色を気にしながら、ときには自分を責めて絶望感で心がいっぱいです。親が自分の苛立ちを沈めて子どもと接していけるかどうかで、子どもから避けられる親になるのか、子どもの支えとなる親になるのかが決まります。

③お籠もり期（6カ月～12カ月　※長期だと3年）

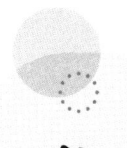

歯磨きや入浴はしないが心が少しずつ回復し始める

お籠《こ》もり期の子どもの特徴

・他人の目が怖くなり、外出できなくなる
・歯磨き、入浴、散髪をしなくなる
・昼夜逆転が本格化する
・心のエネルギーを充電し始める

お籠もり期の子どもの気持ち

・人生や将来への絶望感で苦しんでいる
・友人がいない場合は、孤独感でいっぱいになる
・自分を見つめ直している

お籠もり期の親の気持ち

・同級生の子どもと比べて、落ち込む
・甘やかしているという周りの声が気になる
・誰かに子どもの様子を聞かれるのが嫌で、人を避けるようになる
・不安が大きくなり、つらさで心が押しつぶされそうになる

お籠もり期は、子どもが自分の部屋から出てこなくなる時期です。

家族との接触を絶ち、部屋に籠ります。諦め期のときは学校へ行くことを諦めたことで解放感が生まれましたが、学校に行っていない状況を悶々《もんもん》と考えるようになります。精神的に追い詰められていくと周囲（家族以外の他人）の視線が異常に気になる

のが特徴で、当たり前にできていた生活習慣（歯磨き、入浴など）ができなくなります。

お籠もり期には2つのリセットパターンがある

諦め期からお籠もり期にかけての明白な変化は、家に引き籠るようになることです。家に籠もりながら、心の傷を癒やす大切な時間を過ごしているのです。

大きく分けて2つのパターンに分かれます。

ひとつは、前向きな心のリセットです。これまでは不登校のために学校に行けない自分を責めたり、スマホやゲームなどで現実逃避をしたりしていましたが、家や部屋に籠もることで自分自身を見つめ直すようになります。

ただ、神経質な面はこれまでと変わりません。

以前は気にしなかったような親の言葉に腹を立てて、部屋に籠もってしまうこともあるでしょう。不登校の問題で精神面での感度が高くなっていて、学校関係の話や、自分の言動を非難されると敏感に反応します。ぷいっと膨れて部屋を出て行くということもあるかもしれません。こちらから刺激しないようにそっとしておくと、お籠もり時間がだんだんと短くなります。

もうひとつは、傷心からのリセットタイプです。諦め期に親の叱責で心を閉ざしてしまったことで、お籠もり期に入るケースです。

親の責める言葉に子どもが耐えきれなくなって、「親は自分を理解しようとしない」「もう親とは関わりたくない」という心境になって、自分の部屋に籠もります。

ここから回復するのにはとても長い時間が必要です。学校で挫折をし、そして家でも理解を得られないからです。

この2つのパターンは骨折で例えればわかりやすいかもしれません。

ひとつ目は学校で骨折しましたが、骨折が軽度で安静にしていれば、いずれ治ります。しかし、骨折が軽度であれ重度であれ、親からの叱責やプレッシャーによって二度目の骨折を起こして動けなくなるふたつ目のパターンでは、患部がひどい状態になっているので簡単には治りません（＝不登校が長引きます）。

この場合、親がこれまでの接し方を振り返って、子どもとの関係を改善することが

図2-1　お籠もり期の2つのパターン

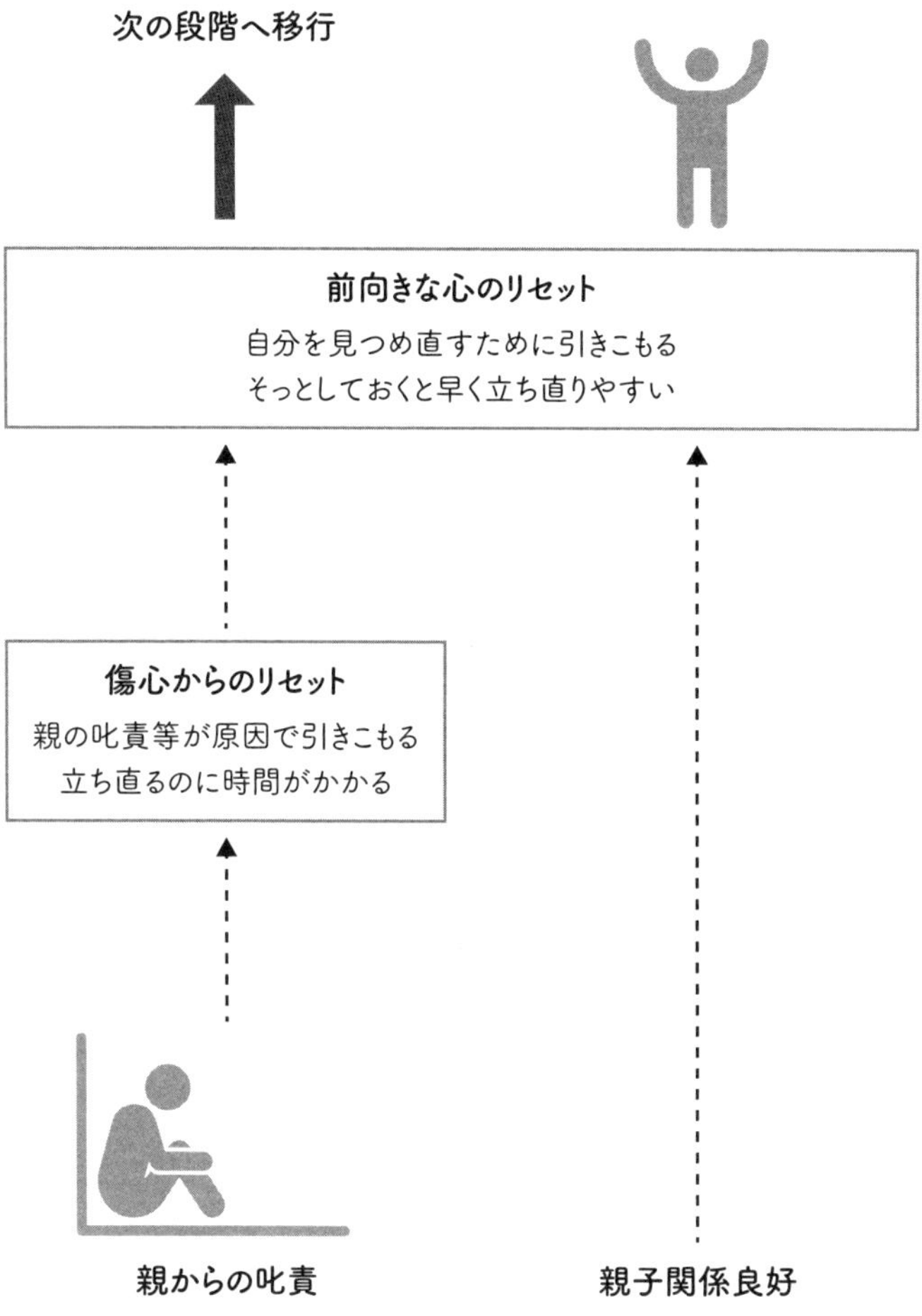
次の段階へ移行
前向きな心のリセット
自分を見つめ直すために引きこもる
そっとしておくと早く立ち直りやすい
傷心からのリセット
親の叱責等が原因で引きこもる
立ち直るのに時間がかかる
親からの叱責
親子関係良好

求められます。親との関係が修復した後に、前向きな心のリセットへと向かいます。

人の目が怖くなって、歯磨き、入浴しなくなる

お籠もり期は、多くの不登校の子どもが「**人の目が怖い**」と言います。

これには、学校に行けなくなり始めた頃、同級生の視線がつらく感じた経験があり、「非難されている」「馬鹿にされている」と認識したことが関係あると考えられます。

同級生だけではありません。子ども本人には「学校に行くのが当たり前」という思いがあるにも関わらず、当たり前のことができない自分を卑下する気持ちが強くなって、近所の人や外ですれ違った他人さえもが、自分を非難するように感じてしまいます。

外に出られなくなった家へのお籠もりは、生活習慣に影響を与えます。

人に会う必要がなくなるので、歯磨きや入浴をしなくなります。例えば、夏の汗ばむとき以外は入浴しないというケースもありました。心が健康な人にとっては、歯磨

きや入浴ぐらいはするのが当たり前だと思うでしょう。しかし、身だしなみを整えることや清潔にするというのは、心が安定しているからできることです。散髪についてはさらにハードルが高くなります。習慣として身についていたことが、心が不安定になることで意識に入らなくなるのです。

なお、家のなかで籠もるエリアは、①自分の部屋と②自分の家の2つに分けられます。自分の部屋から出られなくなって家族とほとんど顔を合わせない状態と、家族のいるリビングや食卓には出てくるが、家の外には出ていけない状態の2タイプがあるのです。これは家族への信頼感・安心感の違いから生まれます。

①は、子どもにとって自分の部屋は、一人になって自分と向き合える大切な場所です。また自分の好きなようにできる空間でもあります。親への信頼感が低いときでも自分の部屋なら安心できます。なお、親が許可なく入ったり、勝手に物を片付けたりするのは、心のなかに土足で入っていくのと同じなので気をつけたいことです。

②は、自分の部屋に籠もる時間はあるものの、食事やゲームのために家族がいる時間にリビングに出てくることができます。外出は全くできず、行動する範囲は家のなかだけです。

まとめると、①自分の部屋でのお籠もりが始まり、そこから出られるようになると、②家のなかのお籠もりに移ります。行動の範囲は、次の段階である扉開く期に移行するとさらに広がります。

心のエネルギーが充電され始める

家の外との接触がなくなると不登校の深刻度が増しているように感じるでしょうが、実はお籠もり期は心のエネルギーが充電され始める時期です。

家が安心できる環境だとわかると、一人になる時間を持つことで心のエネルギーを充電し始めるのです。これは第1章で説明したように、1段階目の「**生存の欲求**」、2段階目の「**安全の欲求**」が満たされると、3段階目の「**社会的欲求**」を満たしたいという気持ちが膨らんでくることと関係していると考えられます。不登校になったという衝撃がゆっくりと和らいでいき、食欲が戻り、睡眠も十分取れるようになります。心のエネルギーが充電されるにつれて、活力も戻ってきます。

ただ、活力が戻ったとしても完全に対人関係への恐怖がなくなるわけではありません。学校生活での挫折感から立ち直るのは簡単ではなく、次の扉開く期からは社会との関わりを少しずつつなげていく必要があります。

子どもによって回復のペースは違う

一方で、この時期は親の不安感が最も大きくなる時期です。

子どもが自分の殻に閉じこもってしまい、何を考えているのか、さっぱりわからなくなるからです。見守りを続けているものの反応がないために、何か他の手立てがあるのではないかと迷いが出てきて、インターネットの情報や書籍、セミナーなどに手がかりがないか躍起になって探します。調べれば調べるほどわからなくなって憔悴《しょうすい》している親も少なくありません。なかには高額で怪しい不登校ビジネスに引っかかってしまう人もいらっしゃいます。

インターネットに流れている情報や書籍に載っている内容は、数ある事例のひとつに過ぎません。その通りやっているのに、うまくいかないからといって落胆しないでください。お子さんの状況、家族との相性、置かれている環境は千差万別です。これは、30年以上の教員生活で2万人以上の子どもと接して感じていることです。

お籠もり期は子どもが不登校を乗り越えるために必要な期間です。適切な声かけをはじめ、親の関わり方次第でこの期間を最大限短くすることができます（167ページ参照）。

④扉開く期（6カ月〜12カ月）

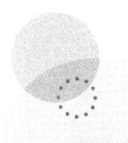

子どもが前向きな言葉を発して外出し始める

扉開く期の子どもの特徴

・エネルギー切れから仮の満タン状態になる（まだ完全復活ではない）
・家族のいる時間に自分の部屋から出て、食事を一緒に摂るようになる
・前向きな言葉を口にし始める
・歯磨き、入浴をするようになる

扉開く期の子どもの気持ち

・学校に行かない選択を親に認めてもらえていると感じる
・家の生活に飽き、体力の衰えが気になり始める
・無理だと思っていた外の世界に出ていく気持ちが高まってくる
・自分はダメな人間だという気持ちもまだある

扉開く期の親の気持ち

・このまま見守っていていいのか、背中を押していいのか迷う
・学校に戻したいという気持ちと見守りたい気持ちとの葛藤が生じる

扉開く期では、部屋に籠もって心の傷を癒やしていた子どもがリビングに出てきたり、一緒に食事を摂ったりします。親子で顔を合わす時間が増えてくる時期です。そして、外出ができなかった子どもが限定的に外の世界に出かけられるようになります。

お籠もり期では、２つのパターンがあるとお伝えしました。前向きな心のリセットのパターンでは、お籠り期からはそれほど長い時間がかからずにこの時期に移行しま

す。

傷心からのリセットでの場合は時間がかかります。親の責める言葉に子どもが耐えきれなくなったからです（じっくりと関係を構築し直せば時間を短縮できます）。

どちらのパターンからでも扉開く期に入れば、小さな行動の変化が起こります。

徐々に回復している気配を感じられる

扉開く期の子どもは次のように行動範囲を広げていきます。

・自分の部屋
⬇
・家族の集う場所に来る
⬇
・家族と一緒に食事を摂る

・家族と一緒にいる時間が増える
⬇
・家族と一緒に外出する
⬇
・一人で外出する
⬇

お籠もり期を経て、子どもはエネルギー切れの状態から少し回復しています。まだ心の傷は残っていて、時々思い出したり、挫折感に苛《さいな》まれるときもあり、おろおろしながら一歩を踏み出します。

最初は、自分を理解してくれないと思っていた家族や家を安全な場所だと認識できることで、家族が集う場所に出てきて、食事を一緒に摂るようになります。黙って食べていたのが徐々に会話をするようになって、以前のように日常的な会話も生まれます。

急に心を開くわけではなく、学校の話題を振ったときには無視したり、不機嫌になったりするときもあるでしょうが、日を追うごとに過剰反応は和らぐでしょう。これまで「死にたい」「生きる意味がわからない」とネガティブなことしか口にしなかったのが、「○○してみようかな」「できるような気がする」という前向きな言葉が出始めます。

前向きな言葉が出るようになった瞬間がターニングポイントです。

いままでは不登校になった過去ばかりに焦点を当てていたのが、将来へと視点が変わったことは子どもにとって大きなことです。ダメな自分、嫌な過去がクローズアップされていたのを、そこから目を離して前へ視点を移動させたということだからです。

そして、扉開く期の最終段階では一人で外出することができるようになります。

- アルバイトに応募する
- 大学のオープンキャンパスに行く
- ずっと休んでいた学校のクラブ活動に行く
- 友人と遊びに行く

・好きな芸能人のライブへ行く

このように、さまざまな形で外の世界へ出ようとします。それがうまくいくか失敗に終わるのかが問題ではありません。この時期に大切なのは一歩踏み出そうという気持ちの高まりが起こるかどうかです。

ただ、一人で外出し始めたからといって、完全に回復したというわけではありません。まだ自分に自信が持てずに、何か失敗やアクシデントがあると、「やっぱり自分はダメだ」と落ち込むこともあるでしょう。「頑張ろう」と「怖い」という気持ちの間で揺れ動きます。

そのため、親が子どもを正しくサポートするとともに191ページで述べる接し方をすることが求められます。

子どもの行動に一喜一憂してしまう

例えば、ある日突然あなたの子どもが「塾に行ってくる」と言って、何カ月も休んでいた塾に行ったとします。

親であるあなたは大喜びです。この調子を崩してほしくないから、どうにかしてサポートしたいというのが親心というものでしょう。

そのため、子どもが継続的に塾に行かないと、

「塾に予約取ろうか」

「また塾に行ったほうがいいんじゃない」

と背中を押してしまう保護者は少なくありません。**191ページで解説しますが、この対応はNGです。**

また、場合によっては、再登校を始める子もいるかもしれません。親の気持ちとしては小躍りしたいくらい嬉しいものですが、実際には何日かするとまた欠席になるパ

ターンがほとんどです。親は喜んでいた分、がっくりと落ち込みます。
このように親は子どもの言動に一喜一憂します。

親は表面上は冷静にして動揺する姿を見せないようにしましょう。

子どもは「**船**」で、親は「**海**」とイメージするとよいでしょう。親が動揺して波が立つと、子どもはその波に翻弄《ほんろう》されてしまいます。安定した穏やかな海であれば、子どもは安心して出航できます。皆さんは静かな海でいるようにしましょう。

お籠もり期がエネルギー充電期間だとすれば、扉開く期はお試し運転期間です。

空っぽだった燃料タンクにエネルギーは流れ込むようになりましたが、まだ燃料タンクはビニール袋くらいのすぐに穴があく素材です。

外出やちょっとした体験、友人との交流を通じて燃料タンクは立派なポリタンクになって容量も大きくなります。さらにエネルギーも灯油からガソリンへと徐々にグレードアップしていきます。簡単には以前の状態には戻らず、少しずつ回復していくと理解してください。

⑤挑戦期（3カ月〜12カ月）

学校やアルバイトなどに行き継続的に社会とつながり始める

挑戦期の子どもの特徴

・美容院や散髪に行ったり、洋服や化粧品を欲しがったりする
・以前のような活き活きとした表情をするときが増える
・自分の考えや感情を親に話すようになる

挑戦期の子どもの気持ち

・真っ暗だったトンネルの先に出口が見える

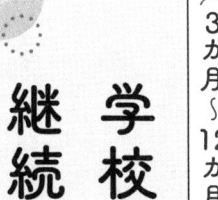

・いままでは無理だと思っていた世界に出ようという気持ちが高まる
・うまくいかないかもしれないという不安もある

挑戦期の親の気持ち

・外に第1歩を踏み出しただけで、喜びと期待で胸がいっぱいになる
・完全に復活したと勘違いする

挑戦期は、子どもが本格的に外に出ていく期間です。

家に籠もっていた子どもが外に出るようになった扉開く期で、小さな一歩をいくつも重ねていくなかで自信を取り戻していきます。

うまくいかずに途中でやめることがあったとしても、「またやり直せばいい」と思えるなど精神的な成長が見られます。学校、アルバイトなど子どもによって場所はさまざまですが、単発の外出ではなく、継続的な外出で社会とのかかわりを持てるようになります。

挑戦期には2つのパターンがあります。

ひとつは扉開く期から、少しずつ外の世界（学校、アルバイトなど）に行けるようになるパターンです。

もうひとつは「明日から行ってみようかな」と宣言することもあれば、特に何にも言わなくても人が変わったように突然行動するパターンです。過去の自分に決別をして、一気に新しい世界に踏み出します。

ひとつ目が**ゆっくりタイプ**とすれば、ふたつ目は一気に**ジャンプタイプ**です。

前者は、慎重で心配性な性格のお子さんによく見られます。扉開く期のウォーミングアップで安全だと確かめた後、少しずつ外の世界に出ていくのです。親から見ると、ゆっくりとした歩みに見えますが、本人は精一杯の力で動いています。

後者は一気にスタートします。場合によっては登校だけでなく、文化祭などの行事の委員に立候補したり、塾では受講教科数を増やしたり、特別講習に申し込みたいと言い出すこともあります。

どちらのタイプにも共通していることがあります。

それは、これまで家で過ごしてきた時間を取り返そうと必死になることです。自分の力加減がコントロールできなくなってオーバーヒートの原因になります。

ゆっくりタイプの子どもは真面目で一つひとつ丁寧な分、完璧を目指すために極限まで頑張ってしまうという傾向があります。

一方、ジャンプタイプの子どもは、自分の限界値があまりよくわかっていないために、あれこれ手を出してしまう傾向があります。そのため帰宅するなり倒れ込んで、しばらく寝込んで動けなくなることもあります。

進んで戻ってを繰り返して元の状態に戻る

外の世界へ出ていくことは親としては嬉しい瞬間です。このまま以前の元気な状態に一気に戻るのではないかという期待で胸がいっぱいになります。

ところが、現実はそう簡単にはいきません。

せっかく登校したのに、教室に入れなかったり、クラスの雰囲気に合わなかったり、数回アルバイトに行ったのに、お客様対応などで心が折れてすぐに辞めてしまうといったこともあるでしょう。その結果、部屋に閉じこもってしまうことだって珍しくありません。

誰しも新しい環境（学校や職場）に飛び込むのには勇気が必要です。ましてや不登校経験のある子どもは、強い劣等感を持っているので、高い緊張状態が続きます。

周りへの気遣いができる優しい気質の子どもが多い反面、ちょっとしたコミュニケーションのすれ違いや違和感といったことを敏感に感じ取ってしまってうまくいかないこともあるのです。

しかし、家にいる時間で自分と対峙し、親から温かい愛情を受けていた子どもは、不登校になった頃よりも強くなっています。たとえ心が折れて引き返したとしても、また時間を取って少し休めば元に戻れるようになっています。

挑戦期は、このように進んで戻ってを繰り返します。まるで生まれたばかりの仔馬が、よろけながらも何度も立ち上がり、歩き出す姿のようです。突然動けなくなる場合もありますが、そんなときこそ、慌てずに子どもの力を信じてください。

間違っても子どもを責めたりして無理に学校に行かせようとしてはいけません。

それでも不安になるときは、以前の子どもと比べてどのような変化があるかを考えてみましょう。

- **前よりも落ち込んでいる期間は短くなっていませんか**
- **部屋に閉じ籠もっている期間は短くなっていませんか**
- **衝動的に大声を出したり暴れたりする時間は短くなっていませんか**

おそらく短くなっているはずです。少しずつ経験値を上げて逞《たくま》しくなった証拠です。この成長ぶりを噛みしめましょう。

挑戦期のゴールは、「自分は大丈夫」という自信と、困ったときには否定せずに支えてくれる家族がいるという安心感が、子どもに備わっていることです。自信と安心感の2つがあれば、人生のどんな荒波も乗り越え、諦めずに挑戦を続けていけるからです。これから先、なにか落ち込むことがあっても長引かすことはないでしょう。必要なときには親に相談しながら、自分でうまく対処するはずです。挑戦を続けながら、少しずつ社会や他人との折り合いの付け方を身につけ、活躍できる場所を見つけるでしょう。

そもそものお話になりますが、「不登校」とは何でしょうか。

私は子どもからのサインのひとつだと考えています。「学校に行きたくなくなった」という思いを子どもが行動で表しているのです。

親が「学校に行かねばならない」と考えていると、学校に戻すことが不登校解決のゴールになります。しかし、学校に戻すことに躍起になっていると、大切なものを失います。それは、「子どもからの信頼」です。親子関係が崩れてしまうのです。

本章では不登校の子どもを持つ親が、どのような姿勢で我が子の不登校に向き合っていけばいいのかをお伝えします。

不登校の問題に対する向き合い方をしっかり理解できれば、子どもへのサポートも自然とうまくいきます。どこを目指して、何が重要かがわかることで、親自身がぶれなくなるからです。

子どもは登校しないことでSOSを出しています。子どもが何に苦しみ、何を伝えたいのか、そんな眼差しを持ってサポートしていきましょう。

第3章

不登校と向き合う親の基本姿勢

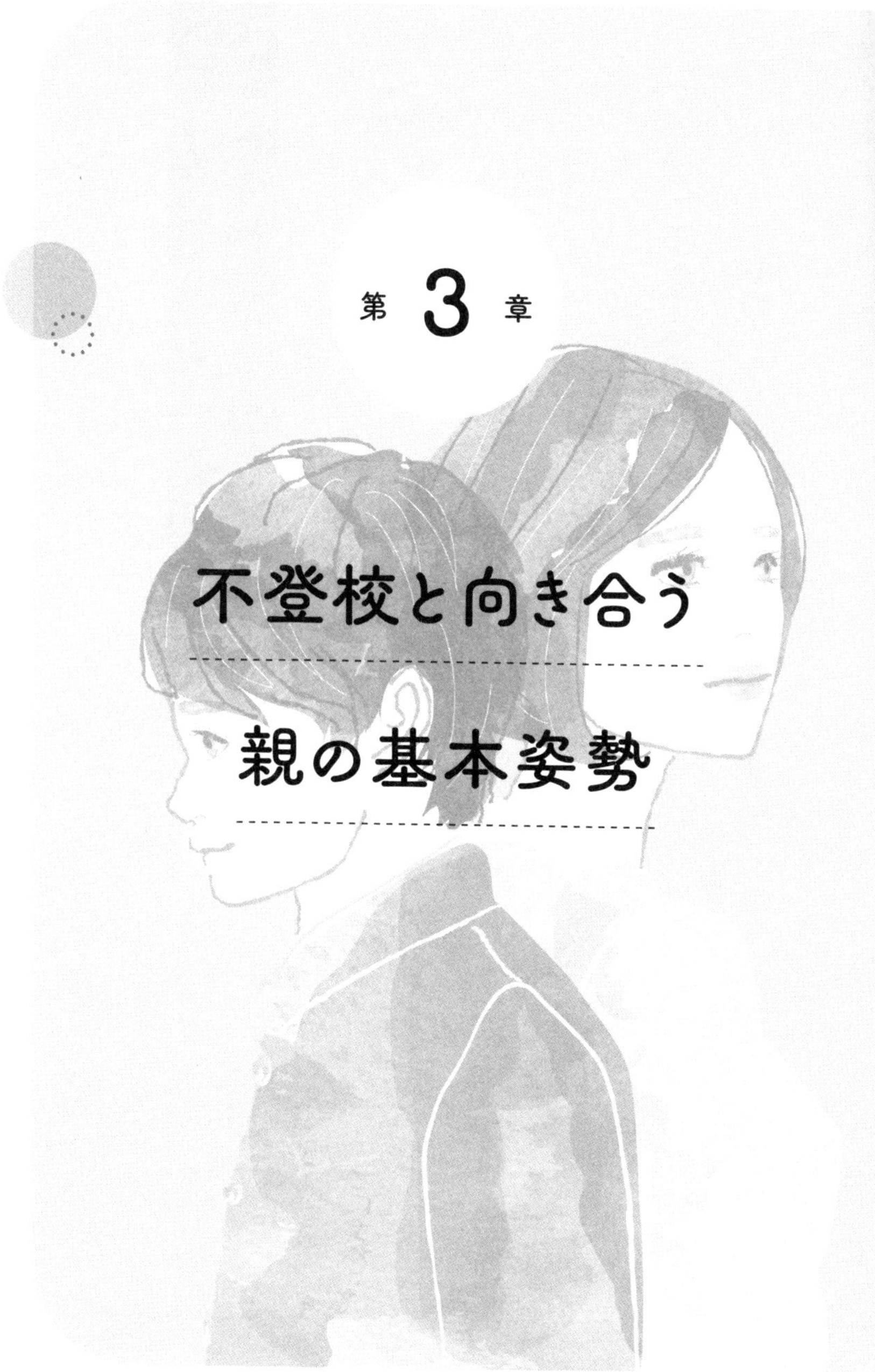

第3章の大事なポイント

ポイント①

急いで不登校を解決しようとすると
親への　　　　が生まれる

ポイント②

不登校の子どもは
「心の　　　　」が折れやすい

ポイント③

心の根っこが十分に育たない原因は
親の　　　　にある

ポイント④

親のメンタルは良いこと書き出す
「スリー・　　　　・シングス」で整える

ポイント⑤

親の　　　　が増えれば、
家庭での衝突がだんだん減ってくる

◀◀◀ 答えは295ページ

不登校のゴールは子どもを学校に戻すことではない

不登校解決のゴールは、子どもを学校に戻すことではありません。もちろん、以前のように他の子どもと同じように学校に通えるようになればよいでしょう。

事実、親の多くは学校に戻ってほしいと考えます。

しかし、これは大きな問題です。子どもは不登校になったために精神状態がグラグラに揺れています。「自分は価値のない人間だ」「生きてる価値がないんじゃないか」と自信をなくした状態です。

もし、このような状態のままで学校に戻ったらどうなるでしょうか。

表面上は不登校は解決したように見えます。一方で、グラグラになった精神状態は戻っていないために、遅かれ早かれまた学校へ行けなくなるでしょう。二度目の挫折は、一度目よりも大きくなります。学校に戻そうと目の前の問題に取り組んだ結果、再び挫折すると、復活へのハードルが高くなるのです。

ですから、不登校になったときに目指すべきゴールは「**子どもが自分のことをありのままでいい**」と認め、もう1度「**外の世界に挑戦すること**」だと私は考えています。

根本的な解決ができていれば、今後の学校生活や就職したとき、何か失敗したことがあっても、そこで踏みとどまることができます。

親に対する不信感が募る

学校に戻すことをゴールに設定して急いで不登校を解決しようとすると、親に対する不信感も生まれます。自分の気持ちを無視して学校に行かせたという親の行動は、親の世間体を保つためだと子どもの目には映るからです。

「いい学校、有名大学に行けばこの子は幸せになる」という思いで、子どもを学校に戻そうとする親は多くいらっしゃいます。確かに学力は大切です。

でも子どもに合った学校は、いまの学校ではないことははっきりとしています。拒絶反応が起こっているのですから。

ここで、私の話をさせてください。

子どもが不登校になったとき、他人から笑われないか、育て方が悪いと思われないかと不安な気持ちになったことがありました。当時、高校教師だった私は、世間から見れば教育のプロです。それなのに、不登校の子どもがいるなんて誰にも相談できず、職場では隠している時期もありました。

それがあるときからは「**うちの子は、うちの子でいい**」と不登校であることを認めることができるようになりました。

きっかけは私の地元・大阪での**高校生の自殺のニュース**を知ったときです。

それまでの私は息子を学校に行かせようと躍起になっていて、息子の気持ちに寄り添うことができていませんでした。話し合いをするつもりが大喧嘩になって、息子が椅子を投げて蛍光灯を割ることなどもありました。

そんな息子への対応に疲れ果てていたときに、自殺のニュースを目にしたのです。

「もしかしたら息子は自ら命を絶つかもしれない」

このままだと私はどんどん息子を追い詰めていくばかりだと気付いた瞬間でした。

息子が死を選ぶのではないかという危機感が私を変えました。

「命さえあればいい。息子が生きていてくれれば中学なんて行かなくてもいい」と学校への執着を手放したのです。だって、いまのままでは、息子は誰にも相談できずに孤独に死を選ぶことだってあるかもしれません。息子が自死を考えたときに相談される親になりたい、なるべきだと思ったのです。それからは学校へ戻すことよりも、信頼できる親子関係を取り戻し、子どもが自信を取り戻すように勇気づけることをしていきました。

現在、子どもは大学を卒業して社会人になり、いきいきと過ごしています。

子どもを学校に戻すということよりも、信頼関係を築くことから始めることが何よりも大切なのです。

子どもによって回復にかかる時間は異なる

不登校のゴールと併せて本章の最初にお伝えしたい大切なことがあります。

それは不登校の子どもが回復するペースについてです。

子どもによって不登校から元の生活のように戻るまでの時間は違います。早ければ1年以内に回復する子もいれば、2、3年以上かかる子もいます。そのため、我が子が他の子どもと比べるとゆっくり回復して、時間がかかることもあるでしょう。

しかし、子どものペースで自分の心を癒やしつつ、子どもに合った場所が見つかれば、また社会と関わるようになります。その場所は学校はもちろん、フリースクールやアルバイト先ということもあるでしょう。

その一歩を踏み出すためには、子どものタイミングで子どもに合った場所が見つかるまで待つ必要があります。子どもの回復に必要な時間は人それぞれです。他人と比べずにゆったりとした気持ちで、その日を待ちましょう。

原因を探すことよりも大切
親がすべきたったひとつのこと

不登校の原因について、現実には原因が複雑に絡み合っていて特定することは難しいです。親が確認できる原因もありますが、実際は困難なケースであることが大多数です。

・思春期特有の心の不安
・家庭環境（内縁関係の人がいる、両親の不和、借金取り立て、依存症・メンタル疾患の親、ヤングケアラーなど）
・育て方（スパルタ、過干渉、毒親など）

・子どもの特性（発達障がい、ＨＳＰ、ギフテッド）
・学校の環境（校風、担任との相性、学力、友人関係）
・情報化社会の影響（情報過多、インスタ映え）

実際には、これらのいくつかの要因が重なっていることがほとんどです。

当事者である不登校の子ども自身も、何が原因なのかわからないのですから、原因を特定することはあまり意味がないでしょう。

不登校の原因が本人でもわからないという事象は、不登校を支援している人や研究者の間では共通認識となっています。不登校を脱出して数年経ってから「あのとき、○○のせいだったのかもしれない」と話してもらったケースをいくつも聞きました。

ただ現場を見てきた者として言えることは、子どもの「心の根っこ」が折れやすくなっている（育っていない）ことは間違いありません。

子どもの心の根っこを育てることが大切

ここで私が指す心の根っことは、「**自己受容**」と「**自己効力感**」のふたつの精神的な機能を持った根幹部分のことです（図3-1参照）。

自分を受け入れることを自己受容と言います。自己受容する力が弱く、ありのままの自分を受け入れられないと他人との比較ばかりで生きるのが苦しくなります。

一方、ある物事に対して「自分ならできる」と思う気持ちを自己効力感と言います。自己効力感がある人間は、**失敗してもいいからやってみよう**と思えます。

ふたつの力＝心の根っこが育っていないということは、他人と比較ばかりして、失敗を恐れて何もできない状態のことです。これはまさしく第1章で指摘した不登校の子どもの特徴に当てはまる性質です。

不登校が長引いてしまう原因は、この心の根っこと関係していると私は考えています。もし心の根っこがしっかりと張っていれば、何かのトラブルで学校が嫌になって

図3-1　心の根っこのイメージ

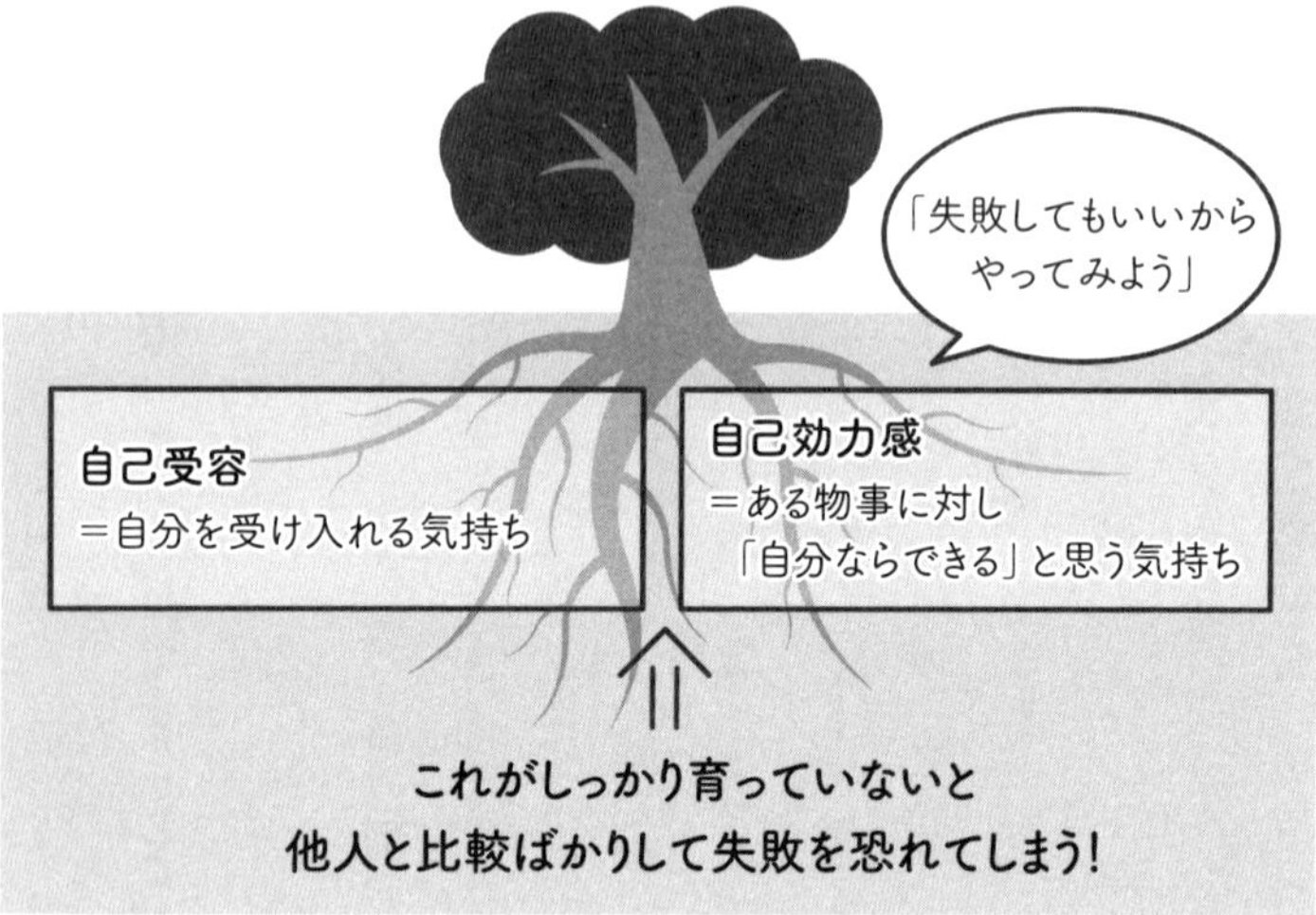

「失敗してもいいから
やってみよう」
自己受容
＝自分を受け入れる気持ち
自己効力感
＝ある物事に対し
「自分ならできる」と思う気持ち
これがしっかり育っていないと
他人と比較ばかりして失敗を恐れてしまう！

しまっても数日すれば登校できます。しかし、心の根っこが弱い状態では立ち直れずに学校から足が遠のいてしまうのです。

ここで皆さんにお願いしたいのは、不登校の原因探しに注力してほしくないということです。

事実、最近は心の根っこがしっかりと育たずに、心が傷ついても自分で修復することができない子どもが増えてきました。親世代とは全く違う価値観と思考を持っていること、ネット社会の発達、SNSで他者と自分を比べやすい状況など、さまざまな環境の変化からただでさえ不安定な思春期に自分を見失っている子どもは少なくありません。

そうならないように「自己受容」と「自己効力感」を育てることによって、再び挫折するようなことがあっても自分で立ち直る子どもに成長させるということ。親がすべきたったひとつのことは、心の根っこを育てることです。

親の過干渉が子どもの心の根っこを弱らせる

心の根っこを育てることに注力してほしいと述べましたが、心の根っこは家庭環境によって育ち方が違います。

特に親が子どもに過干渉する家庭では心の根っこが十分に育たない傾向があります。過干渉とは子どもに過度に関わることですが、自立心が失われて、自分ならできるという気持ちが育まれないため、心の根っこは育ちません。心の根っこが未成熟のままだと、不登校になってもなかなか回復しないことは先述の通りです。

過干渉チェックシートで自分の接し方を判断

自分が過干渉かどうかということはなかなか判断しづらいものでしょう。

そこで過干渉かどうかをチェックできるチェックシートを次ページにご用意しました。

まずは10の質問に答えてご自身の子どもへの接し方が過干渉かどうかを判断してみましょう。


チェック結果は次の基準と照らし合わせて、ご自身の過干渉の度合を把握してみてください。（高校生以上の場合（）内は中学生の場合）

- **0～2点（0～4点）**　子離れできています
- **3～6点（5～8点）**　過干渉ぎみ　どれかひとつやめてみましょう
- **7～9点（9～11点）**　過干渉予備軍　どれか3つやめてみましょう

思春期の子育て過干渉チェックシート

① 子どもの部屋に子どもに許可をとらず自由に出入りする
A　はい　　B　いいえ　　C　時々許可なし

② 子どものスケジュールを立てるのは、子どもにすべて任せている
A　はい　　B　いいえ　　C　時々任せる

③ 子どもの洋服は必ず一緒に買いに行く
A　はい　　B　いいえ　　C　買い与えている

④ 子どものカバンは、いつも本人の許可なく開けている
A　はい　　B　いいえ　　C　時々する

⑤ 子どもの提出物の期限など、チェックして漏れのないようにしている
A　はい　　B　いいえ　　C　時々する

⑥ 勉強を優先させるため、細かな用事は代わりにやってあげている
A　はい　　B　いいえ　　C　時々する

⑦ 子どもが通学していたときには、毎日その日の出来事を尋ねていた
A　はい　　B　いいえ　　C　時々する

⑧ 子どもの所持金（貯金以外の手持ちのお金）はすべて把握している
A　はい　　B　いいえ　　C　おおまかに

⑨ 学校関係（塾を含む）の連絡は、子どもの代わりに自分がやる
A　はい　　B　いいえ　　C　時々する

⑩ 子どもの世話は、小学生の頃からまったく減らしていない
A　はい　　B　いいえ　　C　少し減らした

・10点以上（12点以上）　過干渉　いますぐ見直しが必要です
①、④～⑩はA2点・B0点・C1点、②はA0点・B2点・C1点、③はA1点・B0点・C2点で計算してください。

過干渉を防ぐために心がけること

もしかしたら過干渉チェックシートの結果に落ち込んでいる人も多いかもしれませんね。これまで過干渉の働きかけをしていたとしても、それはしょうがないことです。心の根っこが育っていなければ、親の関わりを変えれば大丈夫です。子どもが自立できるように支援すれば、変わっていきます。

では、過干渉をせずに心の根っこを育てる親とはどんな親でしょうか。
一言でいえば「先回りしない親」です。手出し口出しをするのをいったん止めるのです。そうすれば、弱っていた心の根っこは正常に戻ります。

過干渉ぎみだった相談者の例をもとにお話しします。

めぐみさんは心配性な人柄で、何かにつけて高校3年生の息子さんを気にかけて仕方ありませんでした。息子さんは集団生活になじめないところがあったためか、中学生の頃から欠席がちでした。なんとか高校に入学したものの、出席日数ギリギリで進級できた状態でした。

めぐみさんは心配のあまり、ぐずぐずしている息子さんにいつも口出しをしていました。「○○は決めたの?」「○○はいつ出すの?」などと心配したうえでの言葉ですが、子どもにしてみれば毎日責め立てられているような気持ちになっていたことでしょう。

息子さんは、学校を休む日が続いてしまいました。

同時に親子関係は悪化し、息子さんはめぐみさんを避けるようになりました。

それでも「このままでは留年になってしまう。やっと卒業の目途がついて大学受験を目指していたのに」とめぐみさんはさらに心配になって、大学受験の願書提出のタイミングでいつも以上に口出しをしてしまったとのことでした。

私はめぐみさんを安心させるために、学校現場でよくあることをお話しました。「高校では期限通りにちゃんと提出物を出せる子はそんなにいません。のんびりしている子が多くて、何回も催促してやっと回収できるものです。毎回パーフェクトに期限を守れる生徒は半分もいないのですよ」

めぐみさんは驚いていました。「いつも完璧に間に合わせるべきだ。遅れてはいけない」という思いが強かったのでしょうね。

めぐみさんには、さらに次のようにアドバイスしました。

「しばらく何も言わないでください」

「えっ、願書が間に合わなかったら、大変ですよ」

「それもよしです。また別の大学に願書を出したらいいだけのことです。このまま一生口を出して何もできない子になっていいんですか？」

困惑しながらも実行してくれました。その2週間後、報告がありました。

「ギリギリで大慌てでしたが、受験料の振込に行っていました」

思った通りです。さらに何も言わないようにアドバイスしたところ、ちゃんと願書を発送し、めぐみさんとの会話が増えたというのです。

あれこれ世話を焼いている保護者には、「先回りしない」「口出しをしない」とアドバイスしたところ、親子関係が回復した事例がいくつもあります。

全く動こうとしなかった不登校の中学生が、自分で転学先を見つけて一緒に見学に行ってほしいと親に頼むようになったこともありました。

いずれのケースでも親の過干渉のために子どもが動けなくなっていたことが原因であると考えられます。きっと心の根っこがぐらついていたのでしょう。

もし、自分が子どもに関わり過ぎていると気付いたら、ちょっと手を緩めてみましょう。

親の役割は子どもを自立させて社会に送り出すことです。子どもはいつか手離さなければならないということを、心に留めておきましょう。

親が苦しくならないように「健康メンタル」を保つ思考方法

不登校の子どもを支えるときに重要なポイントのひとつが親自身のメンタルを健康に保つことです。

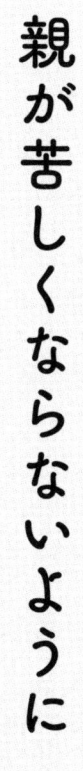

子どもが不登校になると、子どもの言動による喜びと不安、絶望で心がジェットコースターのように激しく揺れ動きます。子どもから「学校や塾に行く」という言葉を聞くと、天にも昇るような気持ちになったのに、次の日に起きてこないと落胆して深い穴の底に落ちたような気分に……。

外出中は我が子と同じ学校の制服が目に入り、「なんでうちの子は登校できないのだろう」と思い、知らないうちに涙が頬を流れる。学校に行かなくていいと言いながら、制服姿の同世代の子どもを羨《うらや》む矛盾に気付き、自分に嫌悪を感じるといったこともあるでしょう。

そんな日々を送っていると、親自身のメンタルが危険な状態に陥ります。私自身、急に呼吸ができなくなったり、あまりの苦しさに叫びそうになったりしました。おそらく皆さんもそんな経験があるのではないでしょうか。

不登校の親の追い詰められた気持ちの向く先は自分です。ゆっくりと、でも確実に心を蝕《むしば》みます。家事や仕事ができなくなった結果、体力も気力も落ちて自分自身がメンタルクリニックを受診するようになった親もいらっしゃいました。

皆さんには、そうならないように踏みとどまっていただきたいです。

「スリー・グッド・シングス」でメンタルを整える

私が不登校回復講座で教えている親のメンタルを整える方法をお伝えします。

それは、夜寝る前にその日にあったよかったことを3つ書くことです。

できれば、なぜそれが起こったのかも添えていただくと効果的です。

これはポジティブ心理学で使われている方法で「**スリー・グッド・シングス**」と呼ばれているそうです。研究では、1週間毎日寝る前に3つのよいことととそれが起こった理由を書いてもらった結果、1週間後には幸福度が上がってうつ状態が軽減されたことがわかっています。しかも、スリー・グッド・シングスをやめた後もその効果は6カ月間も続いたことがわかっています。

なぜ皆さんにすすめるかというと、私自身もこのスリー・グッドシングスで助かったからです。私は自分自身のメンタルがおかしくなってきたと感じたときに、なんとかせねばと思い始めました。

最初のうちはよかったことは何も書けませんでした。当時の私は真っ暗なトンネルのなかにいたような気持ちでしたが、なんとかひねり出しました。

- **今日は天気がよかった**
- **電車に座れた**
- **生徒が「おはよう」と声をかけてくれた**

なぜそれが起こったのかという理由は、当時は思いつきませんでした。自分の子どもに関するよいことは何ひとつ書けませんでした。

子どもはずっと家にいるし、表情も暗いままです。それでも私がメンタル疾患になってはいけないと思い、夜に書けないときは通勤電車のなかで書いて続けました。するとと2週間たった頃から、目に入る世界が真っ暗からグレーになっていきました。小さな幸せに気付き感謝できるようになったのです。

- **子どもがぐっすり寝ている**
- **家族4人で過ごせている**
- **勤め先がある**

当然だと思っていたことが、貴重に感じるようになりました。そのうちに、3つどころかたくさんのよいことに気付けるようになっていきました。

実はいまも続けています。毎日ではありませんが、よいことがあれば必ずメモするようにして、介護で疲れたとき、夫とうまくいかないとき、子どものことで悩むときなど落ち込んだときに手帳に書いて幸せを噛みしめます。そうすることでメンタルが落ちないように予防しています。

私の講座では、スリー・グッド・シングスを宿題にしています。最初は何も思いつかなかった受講生も、だんだんと変化が起こります。悲壮感が漂っていた顔が、明るい表情に変わっていくのです。

皆さんも、ぜひやってみてください。3つできなければひとつだけでいいです。毎日できなくても3日に1回でも大丈夫です。まずは2週間続けてみましょう。

思考と感情を一致させれば子どものための笑顔はつくれる！

不登校の子どもを心配するあまり、親は心の余裕がなくなる傾向にあります。親の感情に敏感な子どもはそうした親の不安な気持ちを感じ取ると、心がざわつきます（44ページ参照）。

特に表情は感情が一番表れやすい部分です。

ではどうすればいいのか。

不安な気持ちは横に置き、お子さんが安心できるようにいっそのこと、「女優になる」と演じる覚悟を決めてやってみてほしいのです。

暗い表情にならないようにするには、思考と感情を一致させることが大事です。

ここでは、子どもを見守らなければならないという考えが「**思考**」であり、一方で話しかけないと不安という気持ちが「**感情**」です。つまり、不登校の親では思考と感情が不一致になることが多く、これにうまく対応するのが最も難しい問題です。

実際、不登校の子どもの保護者からの相談でも、

「それはわかっているけど、見守りができない」

「どうしても心がザワザワしてしまって笑顔になれない」

「不安がいっぱいでどうしても何か言いたくてしょうがない」

といった思考と感情の不一致に関することが多いです。

女優になる最初のステップは笑顔をつくることです。笑顔というと、ありふれた解決策のように聞こえるかもしれませんが、とても大事なことです。私は保護者に向けて不登校回復講座を開催してますが、親の顔に笑顔が増えてくるにつれて、子どもがリビングに出てくるようになり、会話が増えてきたという報告がいくつもありました。

親の笑顔は、子どもの安心感につながります。子どもが学校でうまくいかずにしんどい気持ちのときには、家庭の温かさを親の笑顔から感じます。

「心配そうな顔」をしないことから始める

笑顔の練習はまずは、どんよりした顔を出さないようにすることです。

いきなり笑顔をつくってくださいと言われても難しいかもしれませんが、「心配そうな顔」をしないでくださいと言われたらできそうですよね。

つらくなるときもあるでしょう。そんなときは、トイレに行って深呼吸です。部屋にこもって心を整えましょう。私も何度も駆け込みました。私のネガティブな気持ちを表に出して子どもの感情を揺さぶらないようにするためです。お風呂で泣くこともありました。まだ心の底では不安がいっぱいだったからです。

誰だって不登校という衝撃を簡単に受け止めることなんてできません。衝撃を子どもの見える表側に出さずに裏に隠しながら、少しずつ衝撃を緩めていきましょう。いつまでも衝撃に翻弄されないようにすることが大事です。

慣れてきたら、今度は目を細めて口角を上げる練習をします。子どものやることなすこと気になることが多すぎて、笑顔になんてなれないかもしれません。

「勉強をしていない」

「スマホばかり見ている」

「今週は登校できたのは1日だけ、しかも1時間だけで帰宅した」

そんな声が聞こえてきそうです。しかし、よく探してみるとよい面も見えてきます。

「1日元気に過ごしてくれた」

「食事を摂ってくれた」

「1時間登校できた」

そう、これは前述した「スリー・グッド・シングス」にも重なる内容です。

不登校で悩んでいると視野が狭くなりお子さんへの批判的な見方に偏りがちです。

「あれができていない」から「これができている」といったことを探してみてください。

それができると、お子さんへの苛立ちが減って笑顔も出やすくなっていきます。

思考と感情を一致させるには時間がかかりますが、演じ続ければ「心の底から見守る感情」が培われていくはずです。「心の底からの見守る感情」とは、「この子は大丈夫、必ず歩き出す」という気持ちです。

力で押さえつけると必ず反動がくる

本章の最後では、子どもを力で押さえつけて言うことを聞かせようとすると必ず反動がくるということをお伝えします。

最近、「教育虐待」という言葉をよく耳にするようになりました。

教育虐待とは、親の理想を叶えるために、無理やり言うことを聞かせたり、ときには体罰にまで及ぶ行為のことです。

例えば、親の期待以上に成績が伸びない子どもに対して、「クズ」「バカ」という暴言を投げかけたり、バットで脅して勉強させたりするといったことが挙げられます。

このような極端な状態でなくとも、子どもの自由を奪って、意見を無視し、自分の意に添わせる行為は、虐待であり力での押さえつけです。

「我が子のために」という熱意が強すぎると暴走します。私も、やる気のない息子に勉強を強いろうとしていた時期がありましたが、高校生の教え子との関わりのなかで力での押さえつけは意味がないと感じていたため、手放すことができました。

更生施設、病院などに本人の了解なく入所させるのも力で押さえつける行為です。

子どもの気持ちを無視すると親子関係が崩れる

これらの行為は一時的には親の意に沿った結果になるかもしれませんが、長期的には親子関係が崩壊します。親への信頼がなくなるためです。親からの愛情を得られずに、子どもの心のなかで絶望感と憎悪がどんどん溜まっていくのです。

それらはやがて親への暴言、暴力という形で返ってきます。

事実、不登校の家庭では、力の押さえつけによる反動が原因となって子どもが暴力に訴えることも少なくありません。

少し前には、無理やり勉強させられていた子どもが親を殺害するという事件も起こりました。ここまで極端ではなくとも親の言いなりになって育てられたために、大人になってからも絶縁状態だという人は少なくありません。このように子どもの気持ちを無視すると、必ず反動が起こります。

不登校支援のなかには危険なサービスも

不登校支援のなかには、「不登校ビジネス」と呼ばれるものがあります。不登校ビジネスとは、親の不安な気持ちにつけ込み不当に高額な費用を要求するサービスのことです。

これらのなかには力で押さえつけて服従させる方針を軸としており、暴力は使わないながらも、登校を条件にスマホとゲームを取り上げるなど、厳格なルールを子どもに課すサービスもあります。

このようなやり方は、短期で登校できるようになるかもしれません。しかし、これは脅して言うことを聞かせているだけで、子どもの気持ちや困りごとを全く無視しています。教育虐待に通じる面もあり、長期的には大きな反動を伴います。

以前、このような不登校ビジネスに関わった2人の保護者から相談を受けたことがありました。1人目は子どもさんの顔つきが変わって、いつも不機嫌になって一緒に生活するのが怖いと感じるようになったという相談です（現在は親子仲良く買い物に行けるようになりました。）2人目の保護者はサービスを受けたものの、途中で子どもの異変に気付き、相談にいらっしゃいました（現在は登校復帰中）。

力で押さえつけて気持ちを無視するというのは、親のエゴでしかありません。学校に戻せばそれで解決と短絡的に考えてしまうと、のちのち大きなしっぺ返しがきます。親を恨む子どもをつくってしまうのです。

子どもが自分自身を唯一無二の存在だと自覚し、自立できるようにすることが親の役割です。つらい時期を乗り越えるためには、厳しさよりも温かさが必要なのです。寄り添ってくれる親に、子どもは信頼と思いやりを感じるでしょう。

第２章では、子どもが不登校になる段階を５つに分けて解説しました。不登校の子どもがどのような経過で学校に通えなくなって、回復していくのかお示しできたと思います。

本章では、第２章で解説した５つの段階ごとに不登校の子どもに親ができることを解説します。実際に不登校の子どもを持つ親が実践して、改善や効果を実感できた方法を掲載しています。日常的にできることばかりなので、皆さんの状況を改善するのにきっと役立つでしょう。

なお、紹介している方法をすべて実行する必要はありません。困ったときにできそうなことから始めてもらう形で大丈夫です。また、記載したメソッドはその時期にだけ当てはまるわけではないので、お子さんの状況に合わせて使ってみましょう。すぐに効果がなくても諦めないでください。続けていけば、必ず効果が出ます。

第4章

不登校の子どもが回復する親のための実践ノウハウ

第4章の大事なポイント

ポイント①

葛藤期

親が主導権を握って、
「いつ　　するのか」と尋ねるのはやめる

ポイント②

諦め期

子どもの「　　オーラ」を察知して
根気よく見守る

ポイント③

お籠もり期

子どもの　　世界を
認めると距離が縮まる

ポイント④

扉開く期

子どもがちょっと動き出したからといって
親は　　しない

ポイント⑤

挑戦期

結果ではなく、「　　」を褒めて
子どもの背中をそっと押す

◀◀◀ 答えは295ページ

不登校になったかどうか判断する

58ページで述べた通り、葛藤期の子どもは気が動転して、自分のなかで何が起こっているのかが把握できていない状態です。「学校に行かないといけない」と心では思っていても、心の奥底では「行きたくない」と矛盾した感情が混じっていると説明しました。

ここで親がすべき対応は、まずは身体症状や外傷などの把握です。

次のような症状や行為が該当したら注意が必要です。

・発熱が続いている

・頭痛、腹痛が続いている
・下痢、嘔吐が続いている
・見た目でわかる症状、欠損がある（異常なじんましん、脱毛、頻繁な過呼吸など）
・身体に傷（リストカット・打撲など）がある
・幻聴・幻覚がある
・異常な食習慣（過食、拒食）が続いている

要するに明らかに健康を害しているかどうかをチェックしてください。

子どもの様子を見て緊急性が高い状態なら病院を受診してください。

緊急性がないのであれば、いきなり精神科や思春期外来へかかるのはおすすめしません。まずは内科へ行くのがよいでしょう。1週間ほど様子を見て、症状が軽くなるようなら、ほどなく登校できるはずです。1週間たってもよくならず、よいときもあれば悪いときもあるという場合は、さらに子どもを観察します。

調子がよいときは、前の夜に学校に行くつもりで登校の準備をする。ところが、朝になると腹痛や頭痛が発症する、もしくは朝起きられなくなって欠席するものの、午

後になるとけろりと体調がよくなる。このような不自然な状態が1週間ほど続くのであれば不登校が始まったのだと言えます。

いじめや自傷行為の場合

一方、子どもに傷や打撲があるときは、いじめの可能性があります。リストカットなど自傷行為や、幻聴・幻覚があるときも慌てずに対応が必要です。いずれも子どもを問い詰めないように把握しながら話を聞きましょう。そのうえで学校や専門機関（精神科、お住まいの保健所・精神福祉保健センター・スクールカウンセラー）へ相談してください。

心配のあまり「どうしたの？　何があったの？」と大きな声で感情をぶつけるような聞き方をすると、子どもは問い詰められているように感じます。静かに2人きりになれる時間をつくって、最初は何も語らずにただ横に座って過ごしましょう。タイミングを見計らって穏やかな口調で「何か困ったことがあったら、いつでも力になるよ」

と言ってください。

急いではいけません。側にいる時間を増やして話してくれるまで待ちます。つらい気持ちに寄り添う時間を取るのです。

無理に聞き出そうとしていないことが伝われば話してくれる可能性は高くなります。親に心配をかけたくないという思いが強いと、頑なに口を閉ざすかもしれません。そんなときも問いただださずに、静かに寄り添う姿勢を見せることが大切です。まずはあなた一人で専門機関を訪ね、徐々に対応を進めましょう。

また、学校での出来事が関係している可能性がありますので、担任の先生へ相談してください（担任の先生に不信感を持っている場合は287ページを参照）。子どもが学校に知られることを嫌がったとしても、うまくやり過ごして担任の先生とつながってください。先生には、他の生徒に口外しないように口止めをお願いしましょう。

いじめの連絡を受けた際の学校の支援体制は確立しています。自傷行為、いじめのいずれにしても、先生が忙しいからと遠慮する必要はありません。いじめ・自傷行為は命の危険性が高く、対応方法は専門機関が教えてくれます。

学校に行くか、行かないかで気持ちを揺さぶられないように

先述の方法で不登校とわかったら、葛藤期では「見守り」を行います。

「見守り」とは、子どもへの声かけを極力減らし、プレッシャーを与えないようにすることです。登校や勉強に関する言葉は、一切やめてください。挨拶や必要最低限の会話に留めておき、できるだけ声はかけないようにします。

これは無視とは違います。口出しはせずに子どもを目では追うようにするのです。非難したり、不安がる、おどおどした態度を出してはいけません。

学校に行く、行かない問題でバタバタしている時期は、親は静観してください。学校を休んでいるのに普段と変わらなく元気だと、「ただのサボりではないか?」と思ってしまいますが、不登校の子どもはこれが通常の状態です。

むしろ、子ども自身は葛藤している状態なので、そこに親が主導権を握って、「いつ登校するのか」と尋ねるのは止めましょう。親が先回りして段取りを組むと、子ど

もを追い詰めることになるからです。繰り返しになりますが、静かに見守ることが大切です。

不登校の見守りは、感情が揺れている子どもを包み込むような安定感が親に求められます。いつもは何も言わずに見守ってくれていた親が急に怒り出したり、落ち込んでいたりすると、子どもが不信感を抱きます。親の見守りが「学校に行かせたいための見せかけのポーズ」に見えてしまうからです。

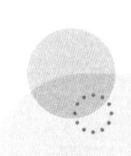

見守るために親は自分をメンテナンスする

子どもを「見守ろう」としているのに、うまくいかない。

そんなときは親が自分を大切にすることでうまくいくケースがあります。

人間にはキャパシティ＝できることの限界があります。例えば、私たちは仕事、家庭、友人関係など、いくつもの場面でトラブルが発生するとキャパシティを超えて精神的に追い込まれます。

不登校の子を持つ親は、常にキャパシティを超えやすい状態です。

予期せぬ我が子の不登校の衝撃は計り知れず、大きな動揺を受けているはずです。

もうこれだけでキャパシティの限界でしょう。そこに些細なトラブルが加われば、すぐにキャパシティを超えてしまってもおかしくありません。たくさんの用事を抱えていて時間的な余裕がない、仕事で過労になっている、家事に追われて睡眠不足になっているといったこともキャパシティを超える原因です。

親は楽しんでリラックスする時間があってよい

キャパシティに余裕を持たせるために、自分をメンテナンスしましょう。メンテナンスというのは整備という意味ですが、ここでは自分を満たすという意味合いです。人を助けようとする人は、自分が整っている必要があります。それは我が子であっても同じです。支援は相当のエネルギーを使いますので、自分を擦り切らして与え続けると長く続けることができません。手出し口出しをする積極的な支援よりも、何も言わない「見守り」のような消極的な支援のほうが、実は精神的に何倍もしんどいです。

ですから、自分をメンテナンスして、少しでも余裕を持って見守りできるようにします。子どもの言動に一喜一憂してジェットコースターのように感情が上下するような状態のときにも、自分へのメンテナンスは気持ちを落ち着けることに役立つでしょう。

例えば、次のようなメンテナンスをしている保護者は多くいらっしゃいます。

- 仕事の帰りに雰囲気のいいカフェで一人の時間を過ごす
- いつもはダイエットのために我慢している高級チョコレートを買う
- 家族関係のことは全く知らない、趣味のサークルに参加する
- 日曜日に美術館に一人で出かけてみる
- スポーツジムで汗を流す
- よい睡眠がとれるように寝る前に瞑想する

不登校の子どもに集中していると、毎日の生活がどんよりしてしまいます。

子どもが苦しんでいるのに自分だけ楽しむのはよくないなんて思ってはダメです。

こんな状況だからこそ自分を癒やしてください。

私がよくやるのは、玄関飾りの模様替えです。季節に合わせた小物を飾り、花を添

えるとそれだけで幸せになります。上記以外にも、受講生のなかには猫の匂いを嗅ぐ、犬と一緒に過ごす時間を増やすなどの方法で自分をメンテナンスしている方がいらっしゃいました。

その結果、子どもに優しく接することができるようになったという嬉しい報告をいただいています。自分のメンテナンスをすると子どもから発せられた負の言動に振り回されることがなくなり、次第にその言動をスルーできるようになるのです。

「見守り初心者マーク」だと自覚する

なお、見守りで最も難しいのは、お子さんがゲームやスマホで遊んでいるときです。こちらがこんなに心配しているのに、のんびり遊んでいる（ように見える）姿を目撃したら、イラっとして一言言いたくなるのです。

「いつになったら勉強するの？」

「この先どうするつもり？」

「いい加減にしてよ！」

こんな言葉も投げかけたくなりますよね。

つい我慢ができなくなるのは、どんなときでしょうか。


あなたが忙しいとき？

あなたが睡眠不足のとき？

あなたが空腹のとき？

あなたに何かストレスがあったとき？


先述の項目でお伝えしたように、親のメンタルが整っていないときは「見守り」は難しくなります。どうしても言いたくなったら、その場所から離れてください。トイレや別の部屋に行く。外に出るなど、物理的に距離を置いて気持ちを落ち着けることをおすすめします。

学校の欠席連絡はどうすればいいのか？

「毎朝、欠席の電話連絡をするのが苦痛です」と悩んでいませんか？

実は私も我が子が不登校のときに毎朝電話するのがつらくてつらくて、心が折れそうになった経験があります。生徒の保護者からの連絡を受ける側だったときは、保護者があんなにつらい思いをしているなんて想像もしていませんでした。当事者になってみないとわからない感情があるのだと、不登校の子どもの母になって初めて痛感しました。

教師の立場で言わせていただくと、子どもが連続して欠席するようになった場合、毎朝の電話は不要です。3～4日、もっと言えば週に1度連絡をすれば大丈夫です。

必要があれば学校から連絡があります。

子どもが学校に行かなくなり始めた段階で、担任の先生に事前に「**毎朝の電話がつらいので、行けそうなときだけ電話でいいですか？**」と伝えておくと事情を共有ができてよいでしょう。新型コロナウイルスの感染が拡大して以来、学校のＳＮＳやメール環境は整備されています。ＬＩＮＥ、Ｓｌａｃｋなどのチャットアプリの使用ができないか聞くのもＯＫです。

先生はさまざまな保護者に対応しているので、しっかりと気持ちを教えてもらったほうが保護者のニーズがわかってお互いが楽になります。

先生によっては毎日、電話連絡が必要だと言われることがあるかもしれません。そのときは担任の先生の意図を確認しましょう。

「学校の方針で毎朝連絡が必要だと言われている」
「生徒の様子が気になるから、毎日連絡してもらいたい」
「なんとか学校に来られるようにするための糸口にしたい」

このように担任によって考え方は異なるため、お互いの認識の相違をなくすためにも先生の意図を確認しておきましょう。家庭状況を一緒に伝えれば、担任は学校での対応方法の手がかりにしますので、うまく連携を取れるようになるでしょう。両者の関係性がよくなることは、ひいては子どもへのよい影響を与えることにもなるので、どんどん要望を出していきましょう。

もちろん自分の思いを全部通そうとするのではなく、うまく調整しながらお互いの考えや意見を擦り合わせてください。

また、葛藤期では、担任の先生から「別室登校しませんか」「スクールカウンセラーと面談しませんか」と提案されることがあるかもしれません。担任の先生からの提案は、子どもにすべて伝えてください。

提案に対しての当事者はお子さんですので、親が決めるのは当事者であるお子さんを無視した行動になります。「スクールカウンセラーには会いたくない」と言ったのに、無理やり連れて行っても意味はありません。子どもの決定権を奪うことは自立心の育成にはならず、いつまでたっても親のコントロールから抜け出せなくなります。**自分で決めさせること**（＝自己決定）はとても大切です。学校からの提案を自分で決めてもらうために、学校の情報は漏れなく伝えください。

病院への受診は1～2カ月ほど様子を見てから判断

葛藤期のお子さんの不調の原因をなんとか突き止めたい、元気にしたいという気持ちから心療内科や思春期外来などの病院への受診を考える方が多くいらっしゃいます。しかし、できるだけ避けてほしいと私は考えています。

なぜなら、必要のない薬を服用することによる副作用のリスクが大きいからです。多くの不登校のお子さんは短期的に落ち込んでいるだけで、薬を服用する必要はありません。必要でない状態の服用は悪影響が心配です。特にうつ病に使用する脳神経に影響を与える薬の場合は、慎重になってください。

薬による脳への悪影響はすぐにはなくならず、むしろ薬の使用がさらに症状を悪化させる可能性もないわけではありません。対症療法でしかなく、根本的な原因を解決しないと再発し、薬を手放せないようになると長期化します。

また、嫌がるお子さんを無理に病院へ連れ行くことによって、子どもからの信頼を失うことが少なくありません。

無理に引きずって受診させたり、騙して連れて行ったりしたために親子関係の溝が深くなったケースもあります。どんな場合も、親が力ずくで押し通すと悪い方向に進んでいくと心に留めてください。

それよりも、お子さんをしっかりと包み込む優しさのほうが何倍も効果があるというのが現場で対応してきた者の実感です。

基本的には病院への受診は1～2カ月ほど様子を見てからをおすすめします。多くの子どもは、諦め期に入ると、頭痛や腹痛の症状が和らぎ、ゲームやSNSを楽しむ余裕ができて、食欲も戻ってきます。昼夜逆転が始まって睡眠を取れるようになってきます。

一方で、お子さんが受診を希望している場合もあるかもしれません。このときは副作用、薬物依存の危険性を伝えてください。「少し休んで様子を見よう」と子どもの焦る気持ちを和らげる声かけを併せてしてみましょう。

それでも強く希望した場合に、受診しましょう。お子さんの望みを無視しない姿勢が大切です。ただし、初診で脳神経に影響を与える薬を出す医者は要注意です。初診では、メンタル疾患かどうかわからないからです（幻聴、自傷行為、幻覚など明らかに病的な場合は別です。学校に行きたくなくて寝れないというだけでは、病気ではありません）。

こういった理由から初診から抗うつ剤などの薬は必要ありませんので、その旨を担当医師に話してみてください。もし漢方薬やビタミン剤でよくなれば、気持ちの問題だということがわかります。

私がおすすめするのは栄養療法を取り入れている病院です。

病院でのカウンセリングを受けながら、1カ月ほど経過を見ながら考えていくことをおすすめします。薬に頼らずに**栄養、運動、心理的アプローチ**によって身体の不調を改善に向けることができます。

親子の崩れた信頼関係を高める会話法

子どもが自分の本心に気付き、登校を諦めた時期が諦め期だと説明しました。ただ、学校には行きたくないという気持ちは認識できているものの、何が不登校の原因なのか自分でもさっぱりわかっていません。心が落ち着き何年もしてから「そういえば○○だったのかも」と気が付いたというケースが多いようです。

例えば、「教室がうるさくて嫌だった」「友人にからかわれた」「先生の一言に傷ついた」「勉強の競争に疲れた」などといったことがありました。107ページでお話したように、どれかひとつのことが原因で不登校が始まったわけではなく、さまざまな問題が絡み合って起こります。

諦め期では、親が負の感情に陥りがちです。葛藤期では体調の悪さに気を取られていたのが、家で過ごす時間が長くなるとともにだんだんと苛立ちへと変わっていくのです。

「どんどん勉強が遅れるのに、なぜ勉強しないいんだ」
「見守られているからといって怠けているだけなのではないか」
「こっちは仕事と家事で大忙しなのに、のんびりゲームをしてどういうつもり?」

勉強せず、家の手伝いもしない。食事は食器をそのままにして片付けもしないという子どもも少なくないでしょう。ゲームに熱中している姿を見ると、親は怒りが湧いてきて怒鳴りたくなる衝動に駆られます。

しかし、ここで叱ったり怒鳴ったりすれば、子どもはリビングから出ていき自分の部屋に籠もるようになります。

第2章でお籠もり期には2つのパターンがあるということをお話しましたが、子どものの気持ちを逆なでするような接し方をしていると、長期的な時間が必要となる傷心からのリセットへ進んでしまう可能性が高まります。

ではどのような接し方が子どもによい影響を与えるのでしょうか。

基本はこれまでお話ししてきた見守りを続けていきますが、もし子どもが話しかけてきたら、次のような方法でコミュニケーションを取るとよいでしょう。

子どもと盛り上がる3ステップ会話方法

私たちは子どもを支えたいと思っていますが、子どもがなかなか本心を話してくれないというのはよくある悩みのひとつです。どうしたいのか、何を感じているのかを親は話してほしいのですが、子どもは肝心なことは何ひとつ言ってくれないのです。

こういったときは会話の受け答えを活性化させることで、子どもの心の扉を開くことを試みましょう。

それほど難しい方法ではありません。会話のなかでポジティブな内容が出てきたら、積極的に喜び、よかった点やどうやってそれができたのかなど建設的な質問をするのです。

大したことないと思うかもしれませんが、この会話法は驚くほど関係をよくします。私は子どもにはもちろん、職場で生徒達にも使ってみてとても好評でした。不登校の子どもの保護者にも必ず実践してもらっているのですが、全く会話のなかった親子に会話が増えるきっかけになったり、既読無視されていたLINEのメッセージが6カ月ぶりに既読がついたという報告をいただいたりしています。

具体的なやり方を3ステップでご説明しましょう。

①いまあなたがしている作業は止めて、子どもの方向に体を向ける
②話は遮らず、子どもと一緒に喜ぶ
③内容の具体的な行動やお子さんがどんな働きかけをしたのか質問をする

これだけですが効果は抜群です。

例えば、「オンラインゲームで高得点を取って初めて1位になったよ」と子どもが嬉しそうに話かけてきたとします。

あなたはこのように思うかもしれません。

「ゲームなんかしても何の意味もない。いつまでやり続けるつもりなの？」

「ゲームよりも勉強を先にしてほしい」

「いつも無視するくせに、自分の気分のいいときだけ話しかけてきて何なの？」

勉強をせずにゲームばかりしている子どもに、批判的な気持ちが湧いてくるのではないでしょうか。もし、実際にこのような言葉を言ったとしたら、子どもはどうなるでしょうか。腹を立てて部屋を出て行くか、あるいは「うるさい」と言い返してくるかもしれません。きっと、「もうあなたには話しかけないでおこう」と思ってしまうでしょう。181ページでも述べますが、否定の言葉は関係を悪くします。

ここは、せっかく話しかけてくれたのですから我慢して、3ステップの会話法で話してみましょう。まず手を止めて、次のように言葉を返すといいでしょう。

「よかったね（喜びを表現する）。そのゲームは、得点を上げるにはどうすればいいの？　どこが苦労したの？（行動や働きかけに対する質問をする）」

これまで親に話す回数がめっきり減った子どもであっても、水を得た魚のように喋り出すことがあります。

基本的に不登校の子どもの多くは、親に話しかけても学校や勉強などの説教に変わってしまうと認識しています。３ステップの会話法はそうした気持ちを、「楽しい気分を台なしにするような返答を親はもうしない」のだという気持へと切り替えてくれます。それが親への信頼感につながって、本心を親に話してくれる段階へと移るようになるのです。徐々に信頼関係を構築していくことで、話してくれる内容も増えてくるでしょう。

ただし、この会話法には２つ条件があります。ひとつ目は、ポジティブな内容（楽しいこと、嬉しいこと）に対する会話に限ります。ふたつ目は「何かいいことないの？」と親から聞いてはいけません。お子さんから話しかけられるまで待ちましょう。

ぜひだまされたと思って一度やってみてください。

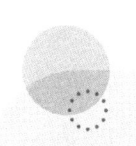

「ほっといてくれオーラ」を察知して子どもを泳がせる

前項で親子関係をよくする会話法を紹介しましたが、そもそも諦め期で親子の信頼関係が回復できていない場合には子どもから話しかけてくることはあまりないかもしれません。

そのときは、「見守り」に徹します。特に子どもが「**ほっといてくれオーラ**」を発するときは口を絶対に出さないようにしましょう。ほっといてくれオーラとは、親の介入を拒むバリアのような雰囲気のことです。

例えば、

「大丈夫？」

「何か食べたいものある?」

「昨日は何して過ごしたの?」

このように声をかけて、嫌がるそぶりを見せたら、それは「ほっといてくれオーラ」を出しているということです。

葛藤期には親の言うことを聞く子もいますが、諦め期は手のひらを返したように冷たい態度になります。

これは別に親が嫌いだというわけではありません。

ただ、「介入されたくない」「入ってきてほしくない」という気持ちを表しているだけです。ここで「ほっといてくれオーラ」を無視して、必要以上に手出しや口出しをすると「ウザい」「話しかけるな」という感情に変化します。特に世話好きな親、一人っ子や末っ子のケースは該当する傾向にあるので注意したほうがいいでしょう。

あれこれお世話を焼きたい面倒見のいい親は、小学校まではそれでよかったのですが、親離れの時期に突入した思春期の子どもにはもう必要ありません。手出し口出しだけが愛情ではないのです。子どもの求めているもの(=ニーズ)に応えることも愛情なのです。思春期の子どものニーズは、子どもが呼ぶまでは手出ししないでほしい、必要なとき以外は口出ししないでほしいということです。

もちろん、自然に顔を合わせたときに「おはよう」「おやすみ」の挨拶はしてください。なお、わざわざ寝ている子どもの部屋に入って「おはよう、朝だよ」と声をかけるのはやり過ぎです。

眠り続ける子どもを起こすのは逆効果

諦め期は「こんなに寝ていて大丈夫なのか」というほどよく寝ます。

睡眠は身体の疲れを取り、脳の老廃物を流す機能がありますが、寝すぎていると朝起きられなくなって生活習慣が乱れてしまうと心配される保護者は多いです。

しかし、時期が来れば朝起きられるようになりますから、心配はありません。いまは、不登校の子どもは心も体も疲れてしまっているため、長めの睡眠が必要だと理解してください。

子どもの睡眠を妨げないために、朝起こしたり、声をかけたりするのは止めておきましょう。眠たいときに起こされることほど嫌なことはないですし、回復を止めることにつながります。

以前、不登校の子どもを持つ母親でこのような人がいらっしゃいました。

昼夜逆転の生活を直そうとして、毎朝、眠っている子どもの部屋に入り、カーテンを開けて「おはよう」と声をかけて仕事に出かけていたそうです。子どもの様子はというと、「うるさい！」と言って布団をかぶるそうです。

これが元気な状態の子どもにならまだいいのかもしれませんが、学校に行くのがしんどくてフラフラになっている子どもには逆効果です。自分の気持ちを全く理解してくれていないと感じるでしょう。

そこで、私は次のようなアドバイスをしました。

「あなたが子どもを生んで実家に帰って、3時間おきの授乳とおむつ交換でフラフラになっている朝、やっと眠れたと思った瞬間に、親が勝手に部屋に入ってきて、大きな声で『おはよう』と言ってきたらどう思いますか？」

「とても腹が立ちます」

「そうですよね。あなたがやっていることはそれと同じことですよ」

その母親ははっとした様子でした。

不登校の回復には親子関係のよさが大前提です。昼夜逆転を避けようと無理に起こすと親子関係を悪くしてしまう側面もあります。ゆっくり寝かせておいたほうが、子どものコンディションを整え、親子の関係をよくすることができます。子どもが眠っている間は静かにそっとしておきましょう。

子どもが暴力を振るったらとにかく距離を置く

親との衝突が大きくなると、暴力による抵抗に発展する場合があります。もしあなたが子どもから暴力に遭っているのなら、殴られないように離れてください。

親を殴るという行為は怒りの衝動から始まります。

そして、何度も繰り返すうちに親を制圧したという精神的感覚と、殴ったときの物理的感覚のふたつの感覚が快感に変わってしまうそうです。親を殴っていた経験のある不登校の子どもからお話を聞いたことがあるのですが、殴っているときは気分がスッとするそうです（時間が経つと後悔と懺悔《ざんげ》の気持ちに襲われて苦しくなる）。

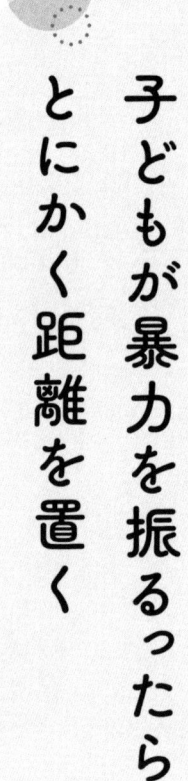

子どもは「**親のせいだ**」「**親が自分の人生を台無しにした**」と言って自分の正当性を主張し、親へ罪悪感を植えつけます。

暴力を受けている親は、「自分のせいで子どもをこんなふうにしてしまった」という想いから、殴られて当然だと思ってしまい抜け出せなくなる場合もあります。

このような悪循環を続けていくうちに、どんどん暴力はエスカレートしていきますから、なるべく早く抜け出す必要があります。

殴られる状況を生み出さない

子どもから暴力を振るわれないようにするためには、殴られる状況をつくらないようにしてください。

これまでの状況を思い出してください。

どんなときに暴力は起こりましたか？

例えば「ゲーム中に声をかけたとき」であれば、ゲーム中には話しかけないようにする。「2人だけのとき」であれば、2人きりになるのを避け、パートナーや家族がいるときだけ一緒に過ごすようにする。絶対に2人きりにならないようにしましょう。

もし誰がいても関係なく暴力が発生するのであれば、いますぐ**専門機関に相談し**てください。恥ずかしいことではありません。どこの家庭であっても起こる可能性があるからです。抱え込まずに専門機関に話してみてください。

子どもの上質世界を認めて距離をグッと縮める

お籠もり期は、心と身体のエネルギーが充電され始める時期です。ただ、家や自分の部屋に引きこもったり、入浴や歯磨きをしなくなったりなど、親は表面上の行動にショックを受けやすいでしょう。

引きこもり（※社会的参加を避けて、6カ月以上にわたって家庭に留まり続けている状態）へと進んでしまわないように、親は家庭の環境をしっかりと整えつつ、子どもの気持ちに寄り添うことが大切です。

この時期の過ごし方で数年も続く引きこもりへの道へ進むのか、外の世界へ出る道を進むのかが決まると言ってもいいでしょう。

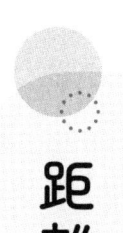

子どもが大切にしている世界を知る

お籠もり期に大切な、子どもの気持ちに寄り添う方法を解説します。

人は誰しも大切にしている世界（＝もの）があります。

皆さんの場合は、子どものことをとても大切に考えている方が多いでしょう。

それでは皆さんが高校生の頃はどうだったでしょうか。

友人や部活動、大好きなアイドルなどを挙げる人が多いかもしれませんね。私はというと、高校時代はフォークサークルというクラブに所属し、フォークギターの弾き語りに熱中していました。恋愛をして新婚時代は夫が一番大切でしたが、子どもを授かるようになると、やはり子どもの比重がとても大きくなりました。

このように人はそれぞれ大切にしている世界を持っています。これを心理学の専門的な用語では「**上質世界**」と呼びます。

上質世界は、写真を張りつけたアルバムと考えればわかりやすいでしょう。写真はあなたが大切にしているものを表します。この写真は時間によって貼り替えられます。先ほどの私の例で説明すれば、高校生時代はフォークサークル、結婚当初は夫、子どもが生まれてからは子どもという順番で写真が上質世界に大きく貼り替えられます。なお、このアルバムには写真が1枚でなく複数貼られている場合もあります。

さて、ここで質問です。

皆さんの子どもの上質世界には何が貼ってあると思いますか。

多くの不登校の保護者の答えは「**ゲーム**」です。私の息子が不登校だったときは、SNSとアニメでした。

私はこれがどうしても受け入れられずに、家のWi-Fiルーターを隠してSNSができないようにしました。すると息子は大暴れしてふすまを破り、照明器具を壊しました。

私は息子の上質世界を否定してしまったのです。もし私が高校時代に熱中していたフォークギターを親から取り上げられていたら同じようにしていたでしょう。当時はそうともわからずに浅はかな行動を取ってしまいました。

何が言いたいのかというと、皆さんには子どもの上質世界を認めて受け入れてもらいたいのです。そうすると、子どもの心の扉は驚くほど開きます。

実際、私が息子のSNSとアニメを受け入れると、息子の態度は変わり、親子関係は修復できました。高校でも生徒の上質世界への共感を心がけていくと、反抗的な態度を取る生徒は激減しました。問題児だとされていた生徒が心を開いてくれて、「学校で1番好きな先生」と言ってくれたことは忘れられない体験です。

子どもの上質世界を知るには、興味を持っているものをしっかり観察する必要があります。お子さんが何も話してくれないときは、探偵になったつもりで探してみましょう。どんなゲームが好きなのか、どんな漫画を読んでいるか、持ち物や部屋に飾ってあるモノがヒントになることはおわかりいただけるでしょう。

子どもの上質世界に共感するためにはどうすべき？

子どもの上質世界がわかったら次に何をすべきか。

それは親子で一緒にやってみることです。食わず嫌いという言葉がありますが、実際に一緒にやってみると意外と楽しさがわかることが多いのです。

私の不登校回復講座では次のように子どもと接していた方がいらっしゃいました。

- 野球好きの娘に付き合って、球場に応援に行った
- サッカー好きの息子と一緒にワールドカップの深夜の実況放送を観戦した
- ゲーム（集まれ動物の森）に夢中になっている娘に教わりながら、一緒に「家」をつくった
- 息子の誕生日祝いに大好きなVチューバーモデルのキーボードをプレゼントした。さらにネットに写真をアップするための撮影を一緒にした
- アイドルグループのコンサートライブに一緒に行った

※Vチューバーとは、CGキャラクターによって動画配信する人のこと

これらの事例を見てみると、親世代からはなかなか一緒に楽しむことをためらう内容に感じるかもしれません。実際、受講生の方も、最初は子どもの世界を認められず

にいました。しかし、親側がとにかく一歩歩み寄って一緒にやってみたそうです。

そのときの子どもの様子を聞いていると、「すごく嬉しそうでした」「いつも無口なのに、びっくりするくらい話してくれました」と表現される方がほとんどでした。子どもの上質世界を認めて共感できれば、閉ざしていた子どもの心の扉は一気に開いていきます。

もし子どもに共感することが難しいと感じたら、あなた自身の趣味があなたの親から否定された場面を思い出しましょう。

私世代では、『りぼん』や『なかよし』などの少女漫画を禁止された、テレビの視聴に制限をかけられたなどといった例があります。そのときのつらい気持ちを味わうことから始めるのです。

たとえ想像のなかであっても、子どもの頃の趣味に対して「面白そうだね、一緒に楽しもう」と親に言われたら、悲しい気分になったでしょうか。きっと嬉しい気持ちを抱いたはずです。

このように自分が子どもだった頃を思い出して想像しながら、お子さんの上質世界についていていろいろ質問してみてください。

「それはどんなふうにやるの？」

「どこがいいの？」

といったように話せばいいです。

なかには全く共感できないという方もいらっしゃいますが、ここは124ページでお話しした女優になることに徹しましょう。学生時代の頃を思い出してみてください。好きな人に気に入られようと興味があるふりをして、楽しそうに聞き役になったことがあるのではないでしょうか。若い頃は好きな人を振り向かせるためにやっていたことを、子どもにやってみるのです。どうですか、ちょっと楽しくなってきませんか。

ただし、学校や勉強のことなど子どもが嫌がる話題に絶対に触れないことはこれまでと同じです。

他人と比べないように自分に優しくすることを教える

成長速度や性格、考え方は子どもによって違います。これを頭ではわかっていても、親はついつい他の子どもと比べてしまいがちです。

皆さんに知っておいてほしいことがあります。

それは、自己肯定感には2つあるということです。どちらの自己肯定感を持っているのかで子どものメンタルに違いが出ます。

ひとつは、他者比較の自己肯定感です。他者との比較によって自分が優れていると感じることで自己肯定感が上がります。比べる対象は同級生で平均点、順位、容姿などです。自分の価値を測る物差しが他者にあるため、常に競争し続けなければなりません。他の人からどう思われているのか（他者評価）に敏感です。他者よりよい内容だと最高の気分ですが、優位性が失われた瞬間にどん底に落ちます。

もうひとつは、自己受容の自己肯定感です。比べる対象は自分の努力や成長です。勉強や運動についてどのくらい頑張ったか、以前に比べて成長したかどうかで判断します。自分の価値を測る物差しは自分であるため、周りの状況に左右されません。自分らしさを大切にし、**「自分は自分でいい」**と考えています。

このことをお伝えした後で受講生には、自分の子どもが2つの自己肯定感のどちらを持っているのか考えてもらっています。ほとんどの方が「子どもは他者比較の自己肯定感です」と答えます。

自己受容の自己肯定感を育む方法

実際、ほとんどの不登校の子どもは「他者比較の自己肯定感」で生きています。

こんな言葉をよく言っていませんか。

「人の目が気になる」
「同級生から何と言われるか心配で動けない」
「よい点数が取れない自分は価値がない」

きっと当てはまるお子さんは多いはずです。いつも他人と比べていないと落ち着かないのかもしれませんが、このまま外部の物差しを持って生きていくと人生のどこかでまた壁にぶち当たるでしょう。

ですから、不登校になったいま、「自己受容の自己肯定感」を育むのです。思春期の子どもと一緒に長く過ごす時間は貴重です。親の関わり方で子どもの物差しを変えることもできます。

自己受容の自己肯定感は、自分の軸を持ち、挑戦した結果がよくても悪くてもいいと認められる視点を持つことです。自己受容の自己肯定感を育むには時間がかかりますが、ゆっくりと醸成されて身につければ不登校の子どもにとって大きな財産となるでしょう。

セルフ・コンパッションで自分に優しくする

自己を受容するためには、自分に優しくする必要があります。それを「セルフ・コンパッション」と言います。

次のような場面を想像してください。あなたの友人が仕事で大失敗したとします。友人はその仕事のために睡眠時間を削って頑張っていたのを、あなたは知っています。

このようなとき、友人にどのような言葉をかけますか。

「よく頑張ったよ。気にしなくても大丈夫だよ」

「大変だったね。気にすることないよ。誰だって失敗することはあるよ」

このような、ねぎらいの言葉をかけるのではないでしょうか。

今度は友人の代わりに自分が失敗した場面を想像してみてください。

どんな言葉を自分にかけますか。

「こんなミスするなんて、馬鹿じゃないの」

「いつも肝心なところで失敗している。本当にダメな人間だ」

このように厳しい言葉をかけた人は少なくないはずです。

仕事で失敗したという状況は同じなのに、友人と自分ではかける言葉が全く正反対になっています。友人には優しい言葉かけをし、自分にはキツイ言葉で追い打ちをかけているのです。

セルフ・コンパッションでは、他人と同じように自分を労わるようにします。自分にも友人や他人と同じように接するのです。「失敗する自分も自分、そんな自分でいい」と思えるようになって、自己受容の自己肯定感が育ちます。

不登校の子どもには、次のようなケースで効果を発揮することがわかっています。


みちこさんの息子さんのお話です。

息子さんは成績抜群で難関高校に合格しました。

ところが、1学期の途中から勉強がうまくいかずに学校を休み出してしまいま

した。みちこさんとは口を利かなくなり、気分の落ち込みが激しくなって部屋に閉じこもるようになりました。

そんなときにみちこさんは私の不登校回復講座を受講しました。講座でアドバイスしたことを実践して息子さんとの関わり方を変えることで親子の関係は徐々に戻り、一時期は登校もできるようになりました。

しかし、です。数カ月後、一所懸命勉強したテストの結果がよくなかったことがきっかけで、再び落ち込んでしまいました。

「なんて俺は馬鹿なんだ」と自分を責めています。

そこでみちこさんは、息子さんにセルフ・コンパッションを伝えました。

「誰だってうまくいかないときはあるよ。もし友達が同じように、納得のいかない点数を取ったらどうする？　きっと『**頑張っていたね、気にしなくても大丈夫だよ**』って声をかけるんじゃないかな。あなたもとてもよく勉強していたのだから、自分にも同じように声をかけてみるといいよ」

すると息子さんは、少し考えるような表情をしたそうです。また部屋に閉じこもってはしまいましたが、今度は数日後には学校に行くようになったのです。

――きっと自分の気持ちを緩めることができたのでしょう。――

不登校の子どもの特徴に、何事もきっちりやり遂げたい完璧主義な面があります。ゼロか百かといった極端な思考が強く、その間で物事を考えることがあまりありません。そのために、自分に厳しく失敗は許せません。これは、第1章でお話した失敗を恐れることにも関連した特徴です。セルフ・コンパッションはそういった傾向の強い子どもにぜひ教えてあげたい考え方のひとつです。

子どもを否定せずに認められる親になるために

子ども、大人に関係なく、人間関係の構築では否定しないことが大切です。否定されると誰でも関わりを避けようとしますし、逆に否定されなければ、受け入れてもらえるような安心感につながります。

特に親子の会話では「否定」するかどうかで関係性が大きく変わります。

例えば、

「〇〇したいのだけれど……」

と子どもが言った場合に、あなたはどのように答えていますか？

「あっ、それはできない」
「無理だと思う」
「お母さんは、よくないと思う」

このように回答していたら気をつけてください。

無意識に上記のように話している親は意外と多くいらっしゃいます。ですが、子どもの言うことは、おかしいと思っても同意してみてください。

子どもが「〜したい」と言ったときは、受け入れ難い内容であったとしても、まずは肯定するのです。

例えば、学校を休んでいてスマホでゲームばかりしている子どもが「自分専用のパソコンが欲しい」と言ってきたとしましょう。親としてはパソコンを与えてしまうと「もっと勉強しなくなるのではないか」「いまよりももっとゲームをする時間が増えて依存症になってしまうのではないか」という心配があって当然です。

気持ちはわかります。ただ、私の答えは「子どもの願いを叶えてあげてください」です。ここで断ると、親子関係が深まりません。

パソコンだけではありません。「化粧をしたい」「髪を染めたい」「ライブを見に行くための交通費を出してほしい」「推しのグッズを買いたい」といったこともあるでしょう。親にしたら「もっと他にすることがあるだろう」「勉強してから言うべき」と考えてしまいたくなるかもしれません。

しかし、親の価値観をいまは横に置いて、子どものやりたい気持ちを優先してお願いを認めるのです。

誤解しないでほしいのですが、お願いをそのまま飲み込む必要はありません。まずは否定せずに話を聞いて、できるだけそれを叶える方向で子どもと一緒に考えていき、関係性を深めようとすることが大切です。

子どものお願いを受け入れるときに親にしてほしいこと

大事なのは「子どもと一緒に」考えることです。親が勝手に解決策を考えて、それを押しつけるのは子どもの意思を尊重できていません。必ず子どもに考える機会（提案）を与えてください。

そうは言っても、あまりに無茶な要求や受け入れがたいこともあるでしょう。そのようなときは、肯定して受け入れた後で話し合いをします。

「整形したい」という受け入れがたい内容であれば、「やってもいいと思うよ。それであなたが気分よく過ごせるなら応援するよ。ちなみにどうして整形したいの？」「なるほど〇〇だからなんだね（肯定）。どんな方法があるのか一緒に調べてみない？（提案）」。

好きなアーティストのライブに行きたいのであれば、「楽しそうだね（肯定）。外出したいと思う気持ちを応援するよ。すごくいいと思う。どのアーティストのライブ？」「場所や移動手段を教えてくれる？」といったように話を聞きます。

ポイントは共感を示した後に、理由や事情を聞いて、子どもと一緒に対策を考えることです。子どもから意見が出ない場合は、親から提案してみることをおすすめします。セリフとしては、次のような言葉です。

「**いいね。（肯定）。このようにしてみたらどう？（提案）**」

やる、やらないではなくて、自分のやりたいことに対して熱心に考える親の態度を見せるのです。子どもは嬉しく感じ、親子の信頼関係が醸成されていきます。

親に余裕がないときはどうすればいいのか

先述のように子どもの願いにうまく対応できる場合ばかりだとは限りません。親のコンディションがいつも万全だとは限らないからです。

例えば、仕事が立て込んでいて睡眠不足のとき、子どもからの突然の要求で振り回されることは少なくありません。今日は早く眠れそうだと思っていたある夜に、このようなお願いをされたらどうでしょうか。

「(真夜中に)食事の用意をしてほしい」

「(深夜に)怖いから背中をさすってほしい」

親に余裕がないときに限って、こうしたことが起こります。イラっとして「あなたは昼間寝ているけれど、私は働いているのよ」と言いたくなるかもしれません。

ゆっくり寝たい気持ちはわかりますが、1回目はできる限り子どもの望みを叶えてあげてください。
「**あぁ、親はこんなに自分のことを大切に思ってくれている**」と思うはずです。いままで否定され続けてきた子どもの場合、親の愛情を試すために言っている可能性もあります。

もし夜中に何度も起こされ体力が持たないと感じたら、子どもに自分の疲れている状況と思いを伝えてみましょう。
「〇〇してほしいんだね（**一旦受け入れる**）。やってあげたい気持ちはあるのだけれど（**思い**）、今日はすごく疲れているの（**自分の状況を説明**）。いますぐやったほうがいいのかな？　別のときじゃダメかな？（**できないのではなく代替案を提示**）」

親も人間ですから、疲れるときはあります。自分の状況を正直に話しても大丈夫です。無理であっても子どもの要望に応えてあげたい気持ちはあること、できない状況であることを理解してもらい、子どもと一緒に別の方法を考えるようにしましょう。子どもから意見が出なければ、代わりの方法を提案して選択してもらってください。

なお、なんでもやってあげていると子どもは親を召使いのように使うようになってしまうこともあるため、その点は注意してください。あくまでもお願いしているのは子どもで、それを聞き入れて実行するのは親ですから、立場を明確にする必要があります。

子どもが頑なに聞き入れない場合は、そもそも子どもが腹を立てている可能性があります。いままで否定され続けた結果、屈折した思いがあるかもしれません。そうだとすれば、自分を受け入れてほしいという気持ちが積み重なったうえでの行動ですので、腹をすえて子どもに向き合ってください。子どもを否定せずに受け入れる努力が伝わるときが必ず訪れます。そのときまで辛抱強く関わるしかありません。

子どもを否定しないでいると、子どもの心境に変化が起こり始めます。最初に肯定することで、子どもの親への信頼と安心感が生まれ、親子の会話もスムーズに進みます。

子どもの弱音にはアドバイスしない

不登校の子どもが弱音を吐く場合もあります。

「もう人生に疲れた」
「やっていく自信がない」
「死にたい」

このように子どもが言った場合に、あなたはどのように答えていますか？

「そんなことを言ってはダメ」
「頑張るしかないよ」

上記の答えを無意識にしている方も多いかもしれません。励ましの意味で使っている方もいることでしょう。しかし、これは逆効果です。子どもの発言に否定するニュアンスが生まれています。

もっとわかりやすく言えば、子どもの言葉を跳ね返しています。子どもからすれば、言葉を受け取ってもらえていないと感じやすいです。

子どもが弱音やネガティブな言葉を発するときの心境はなんだと思いますか。アドバイスや正解がほしいのではありません。「ただ聞いてほしい」「受け取ってほしい」だけなのです。

だから、まずは気持ちを受け止めましょう。

「**そうか、そうか**」と頷きながら耳を傾けるのです。

この相槌があるだけで、子どもは自分の気持ちを受け止めてもらったと感じるでしょう。

ただ、ひとつ注意していただきたいことがあります。「そうか、そうか」の後にアドバイスをしないことです。大人の皆さんも次のような経験があると思います。

近所付き合いですごく悩んでしまうことがあって、帰宅したパートナーに話したら、十分に話も聞かないうちに急にアドバイスが始まった。こんなことありませんか。ただ聞いてほしかっただけなのに、「それは、○○したほうがいいな」と冷静に言われてげんなりしてしまった経験はどなたにもあるでしょう。もし「そうか、近所付き合いも大変だね。悩んでいるんだね」とだけ言ってもらえば、ずいぶん気持ちが楽になると感じますよね。

子どもの弱音も同じです。しっかりと受け止めつつも、アドバイスはしないのです。「そうか、そうか」と聞くことに徹しましょう。

否定をしないことに「甘やかしになるのでは」という不安を持つ親もいらっしゃるかもしれません。しかし、子どもの言うことを一旦受け入れるということは、甘やかしとは異なります。子どものしんどい状況を受け入れ、同じ気持ちに寄り添うことは、まぎれもない共感です。

もしあなたが「甘やかし」と感じるのであれば、これまで厳しくしつけをされてきたのではないでしょうか。もう十分しつけはされたので、子どもがつらい気持ちで心が折れているいまは、厳しさよりも優しさが求められます。

子どものやる気を伸ばすために「ある部分」に注目する

家族と顔を合わせることを避けていた子どもが「**親に否定されない**」と感じるようになると一緒に食事をする回数が増えてきます。いままで部屋に籠もっていた子どもが、リビングに出てきたりして、親子で顔を合わす扉開く期が始まるのです。

扉開く期で心がけてほしいのは、子どもがちょっと動き出したからといって大喜びしないことです。例えば、いままで家に閉じこもっていた子どもが動き出すと、親は長らく待っていたときが訪れたと勘違いして、次のような発言をする傾向があります。「塾に行ったらどう？」「高校の学校見学に予約入れておいたよ」とよかれと思って、言ってしまうのです。

でも、そんな言葉を聞いて子どもはどう思うでしょうか。

「やっぱり学校に行ってほしかったんだ」

「『学校に行かなくてもいいよ』と言ってたのは口先だけだったんだ」

「学校に行かない自分は親にとって価値がないのかな」

このように考えるでしょう。ですから、この時期でも「**お口を閉じる**」という基本姿勢は心に留めておきましょう。そのうえで子どもを観察して小さな一歩を踏み出したら褒めるようにしてください。

小さな一歩をきちんと噛みしめる

子どもが何かに挑戦をし始めたときは、どんなことができたのか注目してください。

小さな一歩で大丈夫です。

私たちは、小さな一歩を無視してついついできていないこと、ダメな部分に目が向きがちです。朝起きられない、ご飯を三食食べない、ゲームばかりしている、歯を磨かない、片付けない、勉強しないといったことです。

登校できると、「もっと」「もっと」と思ってしまいがち

では、子どもの小さな一歩に目を向けるにはどうすればいいのでしょうか。
それは、できたことを口に出すことです。
実際にあったケースを例に解説しましょう。

さちさんの娘さん（高校3年生）はスポーツ万能で、中学2年生からバレーボール部のキャプテンを務めるほどのしっかり者です。成績も優秀で周りからの期待も大きい子どもでした。
充実した日々を送っていた娘さんでしたが、ある日から突然学校に行けなくなってしまいました。

母親にとっては晴天の霹靂でした。全く登校しなくなり、食事もまともに食べられなくなり、目もうつろになってしまったのです。

原因はバレーボール部のトラブルだったようです。さちさんは学校に行くように強く言うこともあったため、親子の関係はひどい状態になっていきました。

これではマズいと自覚したさちさんは、これまでの接し方を反省して変えました。見守りや口出しをしないことなどを意識して関わり方を変えていったのです。すると全く外出できなかったのに、バレーボール部の活動だけ参加して帰ってきたり、午後から授業に参加したりと、少しずつ学校へ足が向き始めました。夏休みには1週間連続でバレーボール部に参加できるほどになりました。

この調子で行けば、2学期からは以前のように登校できるのではないか。そんな期待をしていたのですが、9月は5日だけ登校して再び休み出しました。どうやら、夏休み明けのテストへのプレッシャーが子どもにあったようです。

さちさんは、動揺して私に相談に来られました。

「娘がまた登校できなくなりました。どうしたらいいでしょうか？ 前のような学校に行けない状態に戻るのでしょうか？」

さちさんの頭のなかには、食事を摂らずに昼夜逆転した生活の娘さんの姿が頭から離れないようで、ネガティブなことばかりに注目してしまいます。そこで、私は彼女にこんな質問をしました。

「これまで連続で5日間登校したことはありましたか？」

「ありません。初めてです」

「お嬢さん、すごく頑張ってますよね。5日も登校したんですよ。全く外出できていない頃から比べると、すごく行動しています」

「……確かにそうです」

「5日間登校した後の過ごし方は、以前と変化ありましたか？」

「そういえば、以前ならずっと部屋に籠もって口も利いてくれなかったのに、1日部屋で過ごした後はリビングで会話をして食事も一緒に食べました」

「ほら、すごい変化です。娘さんが回復している表れです。休んだ日数ばかりを気にするよりも、子どもができたこと、状態がよくなったことを見るようにしてはどうでしょうか」

このようにお伝えすると、さちさんは他にも子どもの変化を話してくれました。

- **学校を休む日、「今日は行けないけどいい?」と子どもが相談してくれた**
- **猛暑の夏だったのに部活動に参加できた**
- **夕食を全部食べてくれた**
- **夕食の後、好きなアイドルの話で2人で盛り上がった**
- **朝は寝坊することはあるけれど、夕方まで寝ることはなかった**

これまでになかった子どもの変化を挙げていただくと、たくさん出てきました。そうして話しているうちにさちさんの心は軽くなって、ご自分の期待が大きすぎたことを反省していました。

ちょっと登校できると、「もっと」「もっと」と思ってしまいがちです。学校の欠席など少しでもうまくいかないことが起きると、それがクローズアップされて、不安を大きくします。しかし、不登校の回復はスムーズにいくものではありません。進んだら、ちょっと戻る。また進んで、ちょっと戻る。その繰り返しを経て徐々によくなっていくのです。

このお話には続きがあります。

「お子さんはお子さんのペースで、また調子が整ったら登校しますよ」とさちさんにお伝えしていたのですが、2週間ほどたったある日、喜びの連絡が届きました。

「先生の言う通り、娘の回復を信じて何も言わずに普通に接していたら、昨日話してくれたんです。『テストが怖かったけれど、できるだけ登校しようと思う。できるかどうかわからないけど、やってみたい』と気持ちを伝えてくれました」

そうです、これでいいのです。不安な気持ちを親に開示できるというのは、お子さんが親を信頼しているからです。学校に行くか行かないかに、親子で固執しないで考えられるようになりました。

親が子どものできていること、変わったことに気づくと親自身のメンタルがぐらつかなくなり、子どもの状態が徐々によくなっていきます。

昼夜逆転した生活はどのように戻したらよい？

扉開く期は、不規則だった生活が徐々に戻り始める時期です。

大前提として、規則正しい生活は心の安定には大切ですが、お籠もり期までは無理に生活を改善しようと試みる必要はありません。

これには順番があって疲れ切っているときにはまず睡眠です（**諦め期**）。次に心の傷を癒やす時間が必要です（**お籠もり期**）。さらに自分の居場所を見つけること、安心して傷を癒やせる人（親）と空間（家）を確保します（**扉開く期**）。ここまで進むと「そろそろ生活リズムを整えたい」という気持ちが生まれてきます。

生活リズムを整える基本的な方法は日光を浴びることです。

朝の太陽の光が網膜に入ると、睡眠と覚醒のリズムをつくるホルモンが分泌されます。セロトニンというリラックス効果を持つホルモンも分泌され、夜に自然な眠りへと導く効果があります。日光を浴びる時間は夏場の強い光だと15分、通常は30分程度でいいと言われています。

朝になったら、子どもには日光に当たるようにすすめてください。

「体調にいいらしいよ」

「カーテン、少し開けてみようか？」

と優しい言葉をかけると、心が和らいでカーテンを開けようかという気持ちになります。ただし、子どもが起きているときに話しかけてください。

子どもの部屋に入ることには理由を話して許可を取るようにしましょう。本人の気持ちを無視すると逆効果なのは、１２８ページでお伝えした通りです。

セロトニンの分泌には軽い運動――ウォーキングやサイクリングなど――も効果があると言われていますが、家から出られない子どもにはハードルが高いかもしれません。

そこで、私のおすすめ方法は昼間の親子ドライブです。

あえて昼間としているのは、太陽の日に当たるようにするためです。車のなかにいれば他人と接触することもありませんし、休日であれば、少し遠出すれば同級生に会うこともないでしょう（平日の昼間は、学生である自分が出歩くのは気が引けると感じ、学校の休みの日でないと外に行きたくないと思う子が多いです）。

人混みを避け、自然いっぱいの場所に行けばリラックス効果も期待できます。「新しいゲームソフトを買いに行くためなら外出できる」という子どももいます。

ドライブに誘うときは、無理強いしないようにするとよいでしょう。

さらっと誘って、断られたらさっと引くのがよいです。誘い方は「気分転換したいから一緒に付き合ってほしい」という言い方にして、あくまで「親が気分転換したい」という体裁にするのです。

この方法を「**釣り人**」と私は呼んでいます。餌を投げて食いついてきたら、引き上げるという意味です。いままで先回りしていた親は、釣り人ではなく「地引き網」で海底から根こそぎ引っ張っていたのではないでしょうか。

子どもが小さい頃はそれでうまくいっていたとしても、自我が芽生えてくる思春期には方法を変える必要があります。

「こんなのあるよ、どうかしら?」と投げて、興味を示したら差し出します。興味がなければ、違う何かを用意しチャンスを待ちます。親のプレッシャーを与えずに済むので、子どもは負担を感じません。

最後に、扉開く期では不登校の子どもにとって、家庭は最も安心できる場所にするように心がけてください。

その意味で、ご家庭のなかにはあなたと考えの違う人がいるかもしれません。例えば父親（母親、祖父母）が「学校に行けないのは根性が足りないからだ。甘やかさずに無理やり登校させればいい」という態度でいる場合は、その人達がいない時間帯だけ顔を出すようになります。

また、兄弟姉妹のなかに「不登校はいいな、学校に行かなくて済んで」「お前はダメなやつだな」というような子がいると、不登校の子どもが完全に安心できる環境ではありません。非難する人たちが家族にいるとトラブルが発生して、前段階のお籠もり期に戻ってしまうこともあります。家族全体で子どもの生き方を受け入れることが必要です。

テストの点数や行動の結果は褒めない

挑戦期は外の世界へ継続的に踏み出す時期です。お籠もり期、扉開く期を経て、心身のエネルギーの充電が完了すると外に出ようという気持ちが強くなります。

扉開く期では単発の外出だったので問題ありませんでしたが、長らく家にいたために子どもの体力は落ちており、継続的な長時間の外出は難しいかもしれません。大勢の人が集まる場所や交通機関では、人酔いすることもあるでしょう。

子どもがうまく外の世界へ踏み出すために親が支えていきましょう。待ちに待ったこのときを台無しにしないように、ここで述べる子どもをサポートする接し方を心がけてください。子どもとの会話が成立する時期であるため、コミュニケーションの方法に焦点を当てて解説していきます。

結果を褒めない、決めつけをやめる

挑戦期になって子どもが何かに挑戦して成功したとします。

そのとき、あなたはどのように声をかけるでしょうか。

「偉いね、さすがだわ」

「あなたは天才、才能があるわ」

このように褒めてしまうことはないでしょうか。

一見すると、子どもの努力を認めているためによい言葉だと思うかもしれませんが、不登校の子どもにこの声かけはNGです。

なぜなら、結果を褒めた言葉だからです。子どもはその場では喜ぶかもしれませんが、同時にプレッシャーをかけることになってしまいます。

「これからも100点を取らないとダメだ」

「○○校に合格しないと褒められない」

「ずっと天才だと思われるようにしないといけない」

親に子どもを追い詰める意図がなくても、子どもはこのように感じてしまうのです。特に、天才や才能という言葉は大人の勝手な決めつけです。この言葉を浴びた子どもは努力をしなくなります。才能があるか、天才かどうかは生まれ持ったものであって、子どもの努力には関係ありません。

強いプレッシャーは失敗を極端に恐れさせ、成功するかどうかわからない挑戦をしなくなります。もし勇気を出して挑戦できたとしても、その結果が失敗に終わったら奈落の底に突き落とされてしまうでしょう。事実、「やっぱり私は無能だ」「才能なんてない」「自分の人生はもう終わりだ」と不登校の子どもはよく口にします。

子どもの思い込み（マインドセット）は、小さい頃から才能や結果を褒められていたためです。「うちの子にしてしまっていた……」。だから、不登校になって落ち込んだのではないか」と思った人もいらっしゃるかもしれませんね。

でも、心配ありません。いまから思い込みを変えていきましょう。

行動のプロセスに注目してコメントする

先ほどの例では結果を褒めていたことが子どもの考えを悪い方向へと動かしていきました。では、子どもにプレッシャーを与えずに心が満たされるようにするにはどうすればいいのでしょうか。

答えは簡単です。結果ではなく、「プロセス（やってきた過程や工夫）や努力」に注目した言葉をかけるのです。例えば、

「夜遅くまでレポートを書いていたね」
「何度もやり直して丁寧につくっていたね」

と言います。

どうでしょうか。皆さんも子ども時代を想像して、このような言葉を親からかけてもらったら嬉しいのではないでしょうか。「また、頑張ろう」という弾みがつくので

はないでしょうか。

これは親子だけの話ではありません。

私が担任をしていたとき、通知表の結果をもとに生徒に話していたことがありました。「数学は5だね。偉いね」という言葉かけをしていましたが、次のように変えました。

「放課後の補習に出て頑張っていたよね。問題集を何度も繰り返して解いていたよね」

これだけの違いですが、生徒の反応はとても変わります。本当に嬉しそうな顔をして、努力をし続けるのです。ぜひ、皆さんもお子さんにしてみてください。

ただし、この方法は子どもをしっかり観察していないとできません。それはそうですよね。結果ではなく、プロセスを褒めるのですから。だから、お子さんの普段の様子をしっかり気にかけましょう。

もちろん、勉強以外に趣味やスポーツなどにも使えます。

「**今日の大事なイベント、目覚ましをいくつもかけて起きることができたね**」といったようにです。どんな小さな努力や工夫も見逃さずに伝えていくと、子どもは自分の変化に気づくようになります。

子どもが失敗したときにそっと背中を押す言葉とは？

挑戦期ではうまくいくだけでなく、子どもが失敗してしまう場面もあるでしょう。そのときの声かけもとても重要です。

ここではさまざまな場面で使える「NOT YET」という方法をご紹介しましょう。

「NOT YET」とは上手くいかないことがあったら、「まだこれからなんだよ（＝NOT YET）」と未来に希望を持たせる言葉をかける方法です。

まずは、実際にあったケースをもとに解説していきましょう。

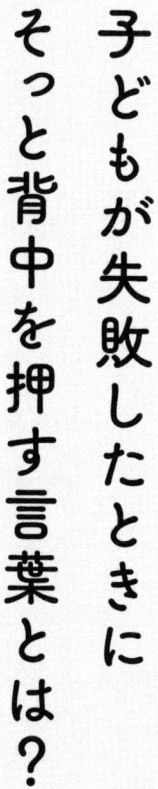

さなえさんの息子さん（高校2年生）は、中学3年生から不登校になり、ずっと家で過ごしていました。ある日、勇気を振り絞ってアルバイトを始めようと面接を受けましたが、採用には至りませんでした。

落胆する息子さんにかける言葉を失っていたさなえさんは、「アルバイトまで落ちてしまって、どうしたものか……」と私に相談しに来られました。

そこでアドバイスしたのが「NOT　YET」を使うことです。

さなえさんは、以前に不登校回復講座に参加されていたので、すぐに理解して行動に移しました。息子さんとは話ができる状態だったので、タイミングを見計らいつつ、「まだまだこれから」という言葉をかけるようにしたのです。

すると、息子さんは黙ってうなずいただけでしたが、数週間するとまたアルバイトの面接に挑戦し、結果、今度は採用されました。アルバイトに落ちた経験はつらかったでしょうが、さなえさんからの「まだまだこれから」という言葉が息子さんのしぼみそうな心を勇気づけることになったのです。

この「NOT　YET」という方法は、実は、キャロル・S・ドゥエック博士という著名な心理学者によって広められました。

彼女は2014年のスピーチで、シカゴの高校に関する次のような発表をして全米で評判になりました。それは、成績が悪い生徒にF（落第）と記載せずにNOT YETと書くと、やる気を失わずに努力を続けることがわかったという内容です。

子どものやる気を促すのには、「君は落第だ」と烙印《らくいん》を押すのではなく、「まだこれからなんだよ（＝NOT YET）」と未来に希望を持たせる言葉のほうが、モチベーションを向上させるということです。

私自身も、「NOT YET」と何度子ども達にかけたかわからないほど使っています。言葉をかけたときは素っ気ない態度の子ども達でしたが、水が沁み込むように心に届いていると感じています。

繰り返しになりますが、不登校の子どもは「人生が終わった」と自分にレッテルを貼ってやる気を失います。親もそんな気持ちが拭えずに一緒になって暗い気持ちでいることが多いです。

でも、待ってください。長い人生のスパンで見れば、学校に行かなかったという事実は途中経過に過ぎません。まだまだ道半ば、「NOT YET」なのです。

第5章

声かけで親子関係を劇的に改善する

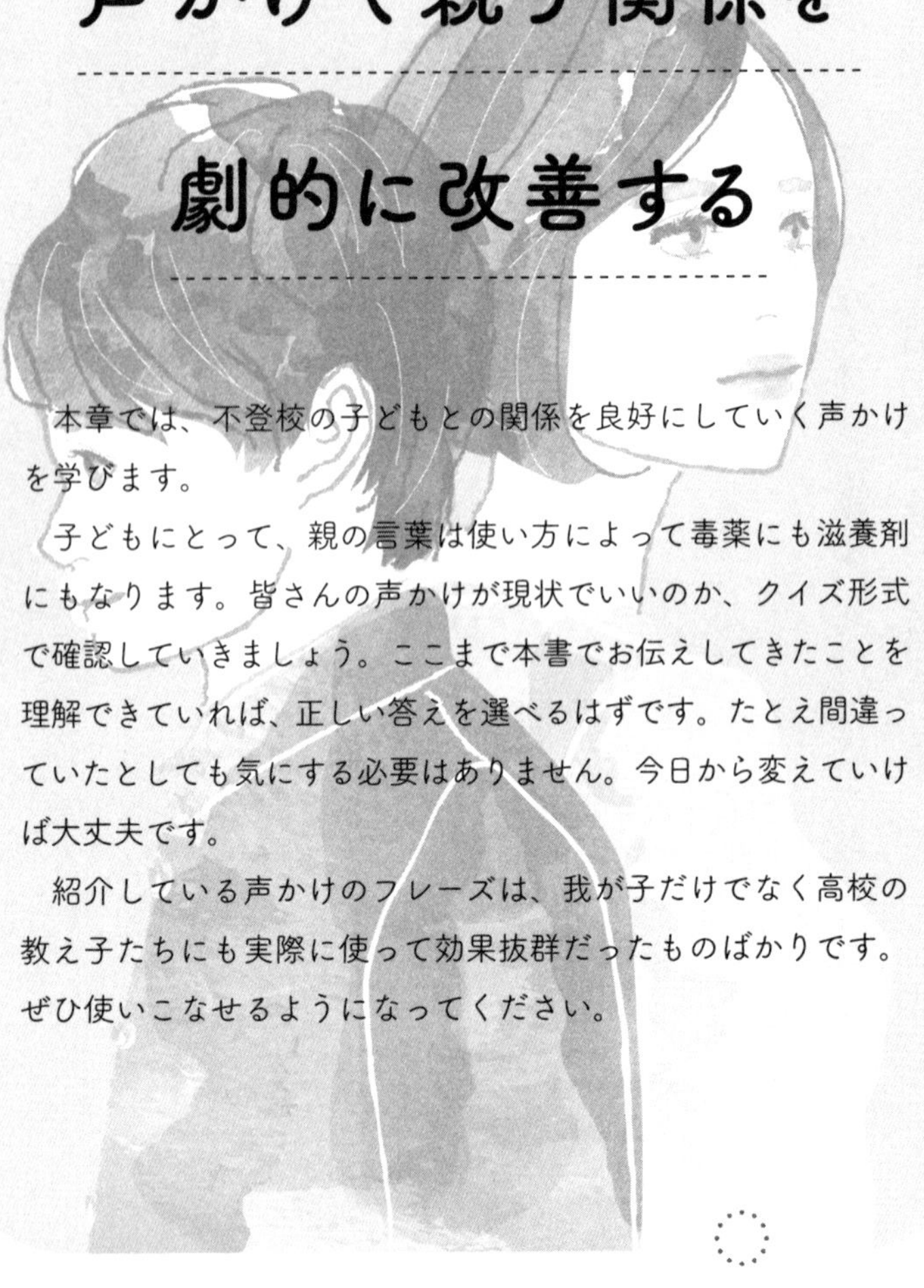

本章では、不登校の子どもとの関係を良好にしていく声かけを学びます。

子どもにとって、親の言葉は使い方によって毒薬にも滋養剤にもなります。皆さんの声かけが現状でいいのか、クイズ形式で確認していきましょう。ここまで本書でお伝えしてきたことを理解できていれば、正しい答えを選べるはずです。たとえ間違っていたとしても気にする必要はありません。今日から変えていけば大丈夫です。

紹介している声かけのフレーズは、我が子だけでなく高校の教え子たちにも実際に使って効果抜群だったものばかりです。ぜひ使いこなせるようになってください。

SCENE①

不登校が始まった葛藤期に、子どもが頑張って学校に行こうとしています。このときにかけるフレーズはどちらがいいでしょうか。

A

「無理して学校に行く必要ないよ」

B

「何か手伝えることある？」

◀◀◀ 答えは次のページ

答え B

不登校の子どもへの関わり方の基本は、子どもの気持ちに寄り添うことです。

子どもがしようとしていることを認めて応援しましょう。葛藤期の子どもは登校したいと強く願っています。子どもが頑張って行こうとしているときに、「行かなくていいよ」と言うと、気持ちを踏みにじることになります。

力を振り絞って行こうとしている子どもを認めるには、「手を貸すことはできるよ」といった応援する言葉をかけるといいでしょう。

一方で、「無理して学校に行く必要ないよ」というフレーズは、どう頑張っても登校できないと子どもが言ったときに使うと、子どもの張りつめた気持ちを包み込むことができます。必死に行こうとしているのか、そろそろ自分の状態を受け入れようとしているのか、よく考えることです。できるだけ子どもの話や態度から判断して使い分けます。

SCENE②

不登校が始まった頃、子どもは前の晩に学校に行くつもりで準備するのに、朝になると動けなくなってしまいます。少しでも手伝いをしたくて、次のような言葉をかけました。どちらが正しいでしょうか。

A

「送っていってあげるから
学校に行こう」

B

「一人で行く？
それとも送っていこうか？」

◀◀◀ 答えは次のページ

答え B

一見するとAでもいいように思えるかもしれません。小学生ならまだいいのですが、思春期にはおすすめしません。思春期は親の手から飛び立とうとしている時期で、親の手出しを嫌がるからです。親から離れて自分の力で問題解決しようという気持ちが芽生える段階で、Aの言葉は自立しようとする気持ちを摘んでしまいます。特に自立心が強い子、プライドが高い子には言わないように注意しましょう。

Bのように声をかけてみてください。「～してあげるから」と言うと、押しつけがましい印象や、交換条件を出されているように感じ取ってしまう可能性があります。「保護者の助け船」は提案する形にするか、子どもが求めてきたときに出すとよいでしょう。親が先回りして子どもの意思を聞かずに送迎してしまうのはNGです。

なお、私は学校への送り迎えは、過保護だとは思いません。送迎していると周囲から「甘やかしている」と言われるのが気になるという方がいますが、無視しましょう。子どもが望んでいて、それが子どもを助けることになるならいいのです。

SCENE③

欠席が増えてきた葛藤期や再登校が始まる挑戦期に、子どもが久しぶりに登校しました。親は小躍りしたいほど嬉しい気持ちになります。こんなときはどちらの言葉をかけたほうがいいでしょうか。

A

「お帰りなさい」

B

「すごいね。嬉しいわ。この調子で頑張ってね」

◀◀◀ 答えは次のページ

答え A

本書をお読みの皆さんであれば、「学校に無理に行かせるのはよくない」ということはもうご存じですね。子どもの気持ちを和らげるために「学校に行かなくてもいいよ」と言っている方も多いと思います。それなのに子どもが登校したときに、登校を喜ぶような言葉をかけたとしたなら、子どもはどのように思うでしょうか。

「学校に行かなくてもいいよ」という言葉が嘘っぽくなってしまいます。本心は学校に行ってほしいと願っている印象を子どもに与えてしまうのです。

親は嬉しい気持ちを伝えるのではなく、登校したことをただ認めるようにしましょう。「頑張って」という言葉もNGです。うつ状態の人に「頑張って」と言ってはいけないのと同じ理由です。たくさん頑張っている子どもに言ってしまうと、もっと頑張らないといけないと思わせて追い詰めます。

ですから、登校しても何も言わないことをおすすめします。嬉しいお気持ちはわかりますが、心のなかで小さくガッツポーズするのです。

SCENE④

学校に行かないのにゲームばかりに熱中している子どもを見ていると、勉強の遅れが気になります。以前はあんなに熱心に勉強していたのに、このままでは楽なほうへ流れてしまいそうで心配です。このとき、言葉をかけるなら、どちらがいいでしょうか？

A

「何のゲームしているの？」

B

「いつから勉強しようか？　そろそろ将来のこと考えてみる？」

◀◀◀ 答えは次のページ

答え A ◀◀◀

Bにある「勉強」というフレーズは言ってはいけません。

子どもだって勉強しないといけないことは、百も承知です。勉強しないと人生のレールから脱落してしまうという恐怖心があるものの、どうしてもやる気が起こらない状態だと35ページで説明しました。

そのようなときに、将来の話を持ち出すのはかえって子どもの精神を追い詰めることになってしまいます。実際、もしBを言ってしまうと、子どもが怒って大喧嘩になる場合も少なくありません。

子どもに勉強を促すような言葉をつい言いたくなったら、子どもの心のなかを想像してください。Aのようにゲームに関心を持つ言葉もいいですが、基本姿勢は何も言わないでいることをおすすめします。

SCENE⑤

外に出るのが怖いからと言って、子どもが家から出ようとしません。もうそろそろ、次のステップに進んでほしいのですが、自信がなさそうに見えます。このとき言葉をかけるなら、A、Bのどちらのフレーズがいいでしょうか？

A

「あなたは大丈夫だよ。自信を持って」

B

「焦らなくてもいいと思うよ」

◀◀◀ 答えは次のページ

答え B ◀◀◀

Aは安心させるつもりで「大丈夫だよ」と言いました。しかし、場合によっては「何もわかっていないくせに、言わないで！」と子どもを怒らせることになります。根拠のない「大丈夫」は、単なる慰めにしか聞こえないからです。心に届くようにするには、何かしらの根拠を添えて言うとよいでしょう。子どもの日々の努力や小さな成功体験などを具体的に伝えると根拠となり、説得力が生まれます。

ただ、大前提として子どもとの信頼関係が必要です。もし親子関係が悪く、親を拒絶しているときであれば、子どもの心に届けようとしても難しいです。関係が良好でないときに「大丈夫」と言うと嘘っぽく聞こえてしまうものです。

さて、この場合のお子さんのニーズはなんでしょうか？「外に出るのは怖いから、まだいまのままでいたい」であって「外に出たい」ではないでしょう。

ここを読み間違って、Aのような声かけをすると、子どもと険悪な状態になるケースがあります。だから、「外に出るのは怖い」という気持ちに共感するBが適切です。

SCENE⑥

子どもが最終学年（中学3年、高校3年）で、進路希望調査が何度もあります。子どもを見守っていますが、書類を書こうとしません。このままでは提出が遅れ、先生に迷惑をかけてしまいそうで気が気ではありません。提出書類は放置されたままで、子どもはいまもリビングでスマホに熱中しています。声をかけるとすればどちらがいいでしょうか？

A

「いま、話す時間ある？」

B

「学校の書類のことで、聞きたいんだけど」

◀◀◀ 答えは次のページ

答え A

子どもに話しかけるときは、タイミングが大切です。

学校の話題はそもそもNGワードだと理解して、注意深く話すタイミングを見計らう必要があります。特にゲームに熱中しているときは要注意です。ゲームがうまくいかないと不機嫌になって逆ギレする場合があります。どうしても急いでいるときは、Aのように声をかけましょう。

おすすめは、子どもが他のことに気を取られていずに機嫌がよさそうなときです。いきなり切り出さずに、Aのように子どもの都合を聞いてから話し出すと、スムーズな会話ができる可能性が高くなります。

なお、提出物をギリギリまで放置しているのは、よっぽど興味がないのか、嫌だからです。遅れてもいいから、本人に任せるのもよいでしょう。当然ながら、勝手に親が記入するのは後々の関係性に悪影響を与えます。

SCENE⑦

クラスメイトへの気遣いで、子どもはいつも疲弊しています。人見知りのためか、友人づくりに苦労しているようです。「コミュ障」だと言って落ち込んでいるときにかける言葉は、A、Bのどちらがいいでしょうか？

A

「社交性が低いのはお母さんと同じだからしょうがないことよ」

B

「若い頃は誰だって人付き合いで苦労するものよ。何度もやっていくうちにうまくなるよ」

コミュ障……コミュニケーション障害の略称

◀◀◀ 答えは次のページ

答え B

不登校の子どもはコミュニケーション能力が他の子どもと比べて低い場合が多く、それを気にしています。友達がいないことをどうにかしたいと思っているものの、自分には無理だと諦める気持ちも同時に持っています。

Aのような「社交性が低いのは遺伝だ」と言われると勝手な決めつけになり、思い込み（マインドセット）を生んでしまいます。努力しても無駄だという考えに陥ります。

子どもには無限の可能性があり、努力と経験を積み重ねることで向上するものだという意識づけをしていきましょう。Bであれば、いまからでも十分社交性を育てることができるという意味が込められているのでOKです。

SCENE⑧

通信制高校への転校（転学）が決まりました。最初はやる気満々だったのに、スクーリング（登校）しようとしません。言葉をかけるとすればA、Bのどちらがいいでしょうか？

A

「焦らずにやっていけばいいよ」

B

「通信制高校へ転校したんだから頑張ろうね」

◀◀◀ 答えは次のページ

答え A

通信制高校に転校（転学）したからといって、これまで不登校だった子どもが急に行けるものではありません。まず親は、転校した意欲を認めてあげましょう。新しい環境へ踏み出すのはとてもエネルギーがいることです。Aのような言葉でそっと支えてあげるのです。

Bのような言葉だとプレッシャーがかかります。転校するのは、相当の勇気と覚悟が必要なのに「頑張って」と言われると、自分の気持ちを全く理解してもらえていないように感じます。こんなに頑張っているのにこれ以上どう頑張ればいいのだろうと子どもを悩ませてしまうでしょう。

スクーリングしなくてもいいという姿勢が一番です。Aのように行けない気持ちをくんだ優しい言葉がけをしてください。

SCENE⑨

通信制高校は、子どもにとって思った以上に学習内容が簡単なようです。転校後に初めてもらった通知表はすべて5でした。このときに言葉をかけるとすればA、Bのどちらがいいでしょうか？

A

「成績5をとってすごいね。天才だね」

B

「つらい思いをしながらもスクーリングして、レポートをやったからだね」

◀◀◀ 答えは次のページ

答え B ◀◀◀

「成績5を取ってすごい」と言って結果を褒めると、5以外の4や3の評価を取りづらくなります。もっと言えば、5を取らないと親に認めてもらえないと感じ、いつまでも5にこだわり続けるしかありません。

また「天才」というフレーズは一見してよい褒め言葉のように思われますが、子どもの努力のおかげではなく、持って生まれた頭のよさによるものだという印象を与えます。そのため、Aだと、結果主義の意識が強まって挑戦を怖がるようになり、失敗したら自分を卑下するようになる思考を生むでしょう。

Bのように子どもの努力や頑張りをねぎらう言葉をかけると、次へ挑戦できるようになります。「5でなくても、たとえ失敗しても、親はいつも頑張りを見ている」というメッセージを与えられます。「もっと努力しよう」「結果ではないのだ」という意識も育てられます。

SCENE ⑩

通信制高校のレポート提出の期日が近づいているのに、子どもは急ぐ様子がありません。小さい頃から忘れ物や期日を守れないことが多い子です。このままでは、せっかく入学した通信制高校での単位が取れなくなるかもしれません。もう1週間前です。こんなときに言葉をかけるとすれば、A、Bのどちらがいいでしょうか？

A

「期限は、○日までだよね。そろそろやろうね」と何日かに分けて言う

B

「期限はいつかわかっている？」と1度だけ言う

◀◀◀ 答えは次のページ

答え B

Aは小さい頃から忘れ物や期限が守れなかったため、ここは手助けが必要と思って声をかけています。よかれと思ってやっているのでしょうが、これだと自分では何もできないようになってしまいます。子どもからすれば、自分でやろうと思っているのに親が指摘してきてくるのがうっとうしくてたまらないと感じるでしょう。

期限を守れない子どももいらっしゃいますが、もうそろそろ子ども扱いはやめましょう。いつまでも子どものお世話はできません。自立させる方向へ変えていく必要があるのです。

いつか子ども自身が大失敗するときがくるでしょう。そのときにやっと本腰を入れて考えるようになります。私の教え子にも痛い目に合わないと動けない子がたくさんいました。しかし、いざとなったら自分でなんとかする子がほとんどでした。失敗すると、自分で管理してだんだんできるようになるか、もしくは工夫（スマホのタイマーなど）するようになります。親が手伝えるとすれば工夫の方法を一緒に考えて、トライ&エラーで最適な方法を探していくことです。

本章を通して、ちょっとした言葉の違いで子どもに真意が伝わらないことや、一方ではやる気をもたらすことがおわかりいただけたでしょうか。声をかけた後はその言葉はよかったのか悪かったのかをよく見てください。子どもによって受け取り方はさまざまです。子どもの様子を観察すると、どういった声かけが効果があったのか理解できます。

なお、私が受講生に最初にしてもらうのは、「話しかけない」ことです。先述の通り、子どもは「ほっといてくれオーラ」を出して「入り込まないでほしい」と望みます。まずはそこをクリアしてから、子どもに声かけすることを推奨しています。

葛藤期〜お籠もり期の段階では子どもは学校に行こうというエネルギーはありませんが、扉開く期に入ると学校のことを考え出すことも少なくありません。新しい学校への転校、フリースクールへの変更、高校受験や専門学校、短大・大学受験など人によって踏み出す場所は変わりますが、不登校の子どもにとっては相当な覚悟が必要なことは同じです。

集団生活に馴染めるのか、交通機関で移動できるか、そもそも勉強についていけるかなど子どもだけでなく、親にも不安が押し寄せてくるでしょう。

本章では、留年、転校、進学という学生生活におけるターニングポイントで不登校の子どもの親に知っておいてもらいたい知識を説明します。基本的には高校生を対象にしたお話になりますが、高校生活を見据えて中学生の子どもを持つ親が読んでも役に立つ知識となっています。

なお、進学面では、進路指導部の経験がある先生でも複雑な受験制度を完全に理解することは簡単なことではありません。お住まいの地域によっても制度に違いがあります。そのため、ここでは基本となる情報をメインに進路の全体像や受験の時期、特徴をわかるように解説しました。大切な子どもが進路先を決めるときに慌てずに済むようにサポートしましょう。

第 6 章

不登校の子どものための後悔しない転校・進学方法

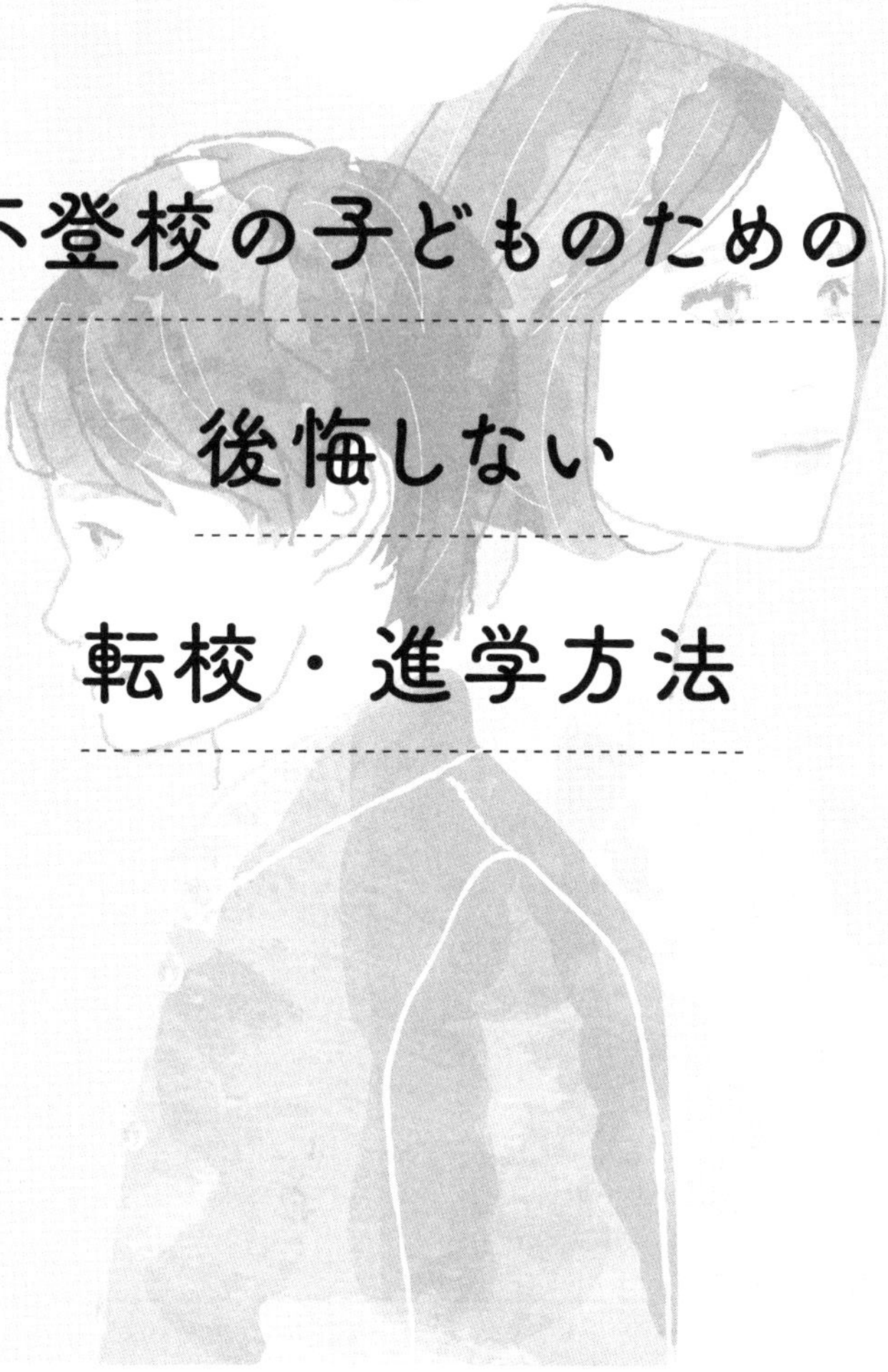

第6章の大事なポイント

ポイント①
高校留年は、　　　の生徒と同じ学級になって疎外感を感じやすい

ポイント②
通信制高校では不登校の子どもへの　　　を確認する

ポイント③

フリースクールは、
学校の＿＿＿が苦手な子に向いている

ポイント④

大学の規模は
＿＿＿から＿＿＿がおすすめ

ポイント⑤

欠席日数が多くても、一般入試以外に
「＿＿＿」や「＿＿＿」で受験できる

高校の卒業制度と留年制度を理解する

日本の高等学校は義務教育ではありません。出席日数が足らないと進級（次の学年に上がること）できなくなる制度であるということを多くの人はご存じでしょう（※単位制高校の場合は留年はありません）。

現在、高校生で不登校のお子さんを持つ保護者のなかには、出席日数が足りなくなるのではと心配している人もいらっしゃるのではないでしょうか。また、中学生で不登校のお子さんのいる方は、高校での生活がスムーズに送れるのか、また欠席が増えて登校できなくなったらどうしようかという不安があるかもしれません。事前に、高校でも欠席がちになる場合に備えて知っておくことはプラスです。

本章では、まず高校の留年制度について解説します。もしものときに子どもの進路についてどうやって対処すればいいのか、そのヒントが見つかるはずです。

留年をすると子どもにどんな影響がある？

留年とは、いまの学年に留め置くこと（原級留置＝留年）です（241ページ参照）。
多くの高校には留年制度があり、不登校になった場合には、留年のリスクを覚悟しなければなりません。不登校になると欠席が増え、その結果、出席日数が不足してしまう可能性があるためです。

もしも、お子さんの留年が決まったとしても同じ学校でもう一年やり直すことはおすすめしません。

理由は、子どもにとって精神的な負担が大きく、その後の学校生活がうまくいかない可能性があるからです。高校で留年すると、1学年下の生徒と同じクラスになるため、年齢差による疎外感を感じやすくなることは想像に難くないでしょう。

精神的に不安定な状態にある子どもにとって、新しい人間関係を築くことは困難であり、学校生活への適応をさらに難しくする可能性が高まります。同じ学校にいるとかつての同級生と顔を合わすため、その度に劣等感を抱くことにもなりかねません。

実際、教員30年の経験のなかで留年して卒業した生徒は一人だけです。ほとんどが途中で学校を辞めてしまいました。それほど大変なことなのです。

同じ学校でやり直すという選択をする前に、子ども自身にとって本当に必要な進路について、じっくりと話し合いましょう。

高校を卒業するための3つの条件

留年はあらかじめ情報を把握しておけば、慌てずに対処できる場合もあります。

そもそも卒業と留年制度は密接に関わっていますので、少し遠回りに感じるかもしれませんが、まずは日本の高校の卒業制度を理解しましょう。

日本の高校を卒業するためには、次の3つを必ず満たさなければなりません。

①在籍期間　3年以上

一気に単位を取っても最低でも3年間、高校に籍を置いておかなければならないということです。例えば、高校1年生で不登校になり退学、1年間自宅で過ごした後に通信制高校へ編入した場合、同級生と同じタイミングで卒業しようと授業をたくさん受けて単位を取ったとしても、在籍期間が3年にならないため卒業はできません。

②単位修得　74単位以上

さまざまな科目（国語総合、数学Ⅰ、体育など）の単位数を合計して74単位以上が必要です。単位は、全日制と定時制、通信制高校では計算方法が異なります。全日制、定時制の場合は、50分を1単位（標準）として計算します。卒業までに、出席日数を満たし、決められた成績（評価が40点以上など）を取る必要があります。

出席日数を満たしていても、学校が定める欠点（39点以下など）の科目数が規定に達すると進級できません。

逆も然りです。決められた成績（40点以上など）を取っても出席日数が足りなくなると単位修得はできません。

合計で最低74単位以上が必要で、学校によっては74単位よりも多く設定している場合もあります。

通信制の場合、決められた数のレポート（課題提出と添削）とスクーリングを完了すると1単位となります。通信制高校によってレポートの数やスクーリングの日数は異なります。全日制・定時制に比べると、単位修得は容易だとされています。また、通信制高校の多くは単位制なので、留年制度がなく自分のペースで単位が取れます（ただし、学校により1年間の最低修得単位が決められている場合があります）。

③特別活動　一定の成果

特別活動とは、ホームルーム活動や体育祭・校外学習などの学校行事などを指します。勉強に関係がないからと言って参加しないでいると、卒業ができなくなります。

このように高校を卒業するには、①在籍期間3年以上、②単位修得74単位以上③特別活動で一定の成果の3つを満たす必要があります。これらを満たしたうえで校長から卒業が認定されます。

出席日数の約3分の1を欠席すると留年になる

今度は留年制度のしくみについて見ていきましょう。
進級できるかどうかは、大きく分けて2つの基準があります。

・出席日数
・各教科

ひとつ目の出席日数は、全日制の多くの学校が190〜209日を総授業数とし、そのうちの3分の2を必要な出席日数としています（学校によって変動あり）。つまり約3分の1を休むと留年になります。

出席停止（インフルエンザなどの法定伝染病による欠席）は、出席すべき日数から減らし、通常の欠席のカウントとはなりません。

校外学習、体育祭、芸術祭などの学校行事を登校日とするかは学校によって違いがあるため、自分でカウントすると誤差が出る原因になります。私学は独自の基準があり、公立のなかでも学校によって基準が異なります。必ず学校の担任の先生に確かめてください。

また、進級に関わる規定は学校独自で定めているため、留年の欠席日数が必ずしも3分の1ではないことにご注意ください。インターネットの情報を鵜呑《うの》みにした結果、勝手に計算して大変なことになった事例もあります。

1単位の教科は出席時間が不足しやすい

ふたつ目の各教科について説明します。

各教科の授業時間を単位として計算します。例えば、週に1回の授業は1単位として計算され、週に3回ある授業は3単位となります。

1単位の授業（例えば保健）は出席時間が不足しやすく、逆に4～5単位の大きい科目は不足しにくい傾向があります。週に1度しかない科目（1単位）は1年間の授業日数がそもそも少ないからです。1単位の科目で1時間目にある科目は、朝起きられない場合には真っ先に欠席が増え、時数オーバー（科目の履修要件を満たせない）になりやすいです。

また、1日に2時間連続授業がある場合は、1度の欠席で2回分の欠席時数になります。

留年は出席日数と単位取得で決まる

まとめると、①全体の出席日数が足りなくなることと、②単位の足りない科目数が学校の規定以上となることの2つの組み合わせによって留年が確定します。

出席日数が足りているものの、教科の単位が足りなくなることもあります。

この場合、教科が必修科目かどうかによって進級できるかどうかは異なります。学校ごとで必修科目が違うのはもちろん、同じ学校であっても学科やコースが異なると必修科目に違いがあります。

欠席の数は、担任の先生が管理しています。私が担任をしていたときも、休みがちな生徒の教科リストをつくって時間数をカウントするとともに、保護者に連絡していました。時間数の管理は担任の重要な仕事のひとつなのです。

「あと何日で留年するのか」「各科目はあと何時間で留年に至るのか」といったこれまでに述べた詳細な内容は担任の先生に確認することが重要です。

インターネットの情報を調べて勝手な判断をされる方がよくいらっしゃいますが、それらの情報は全く当てになりません。基本的には子どもが通っている学校に問い合わせて、正しい情報を得ることが大切です。

一般的に留年が確定するのは9月頃から

子どもによって留年が決まる時期は異なります。

新学期が始まってすぐに不登校が始まった子どもの場合は、9月末から10月中旬にかけて留年が確定することが多いです。ただし、これはあくまで目安で個人や学校によって差があります。

多くは9月頃になると、担任の先生から留年までの日数についての連絡が入り始めます。

親にとっても本人にとっても最も苦しい時期です。「あと○○日で留年です」「体育をあと5回休んだら時数オーバーです」といったカウントダウンの電話が毎日のように担任からかかってくるからです。

出席日数が足りなくなると進級はできずに、留年が決定します。出席日数が足りている状態で、科目の欠時数が足りなくなると「**不履修**」扱いとなります。不履修科目の規定数が学校で決められた数に達すると留年が決定します。

ここまで留年制度について説明しました。

私は娘が高校1年生で不登校になったときに進級や進学について冷静に考えられましたが、その余裕があったのは留年の制度を理解していて見通しがたったからです。留年になりそうだと慌てて私のところへ相談にこられる方がいますが、留年制度がわからないために混乱されている場合が多いです。

ここで説明したのはあくまでも概略ですが、それを知るだけでも不安が少なくなるはずです。なお、繰り返しになりますが、細かな規定は学校ごとに異なり、さらに学校のなかでもコースや学科によって異なる場合がありますので、必ず担任の先生に確かめてください。

子どもの留年が決まったら新しい環境でのスタートを考える

不登校の子どもが留年になったときには前述の通り、その学校でやり直すことはあまりおすすめできません。新しい環境で再スタートを切る選択肢を考えることも大切です。

代表的な選択は次の通りです。

・通信制高校への転校

通学日数が少なく、子どものペースで学習できるメリットがあります。

入学時期は4月に1回だけでなく、後期（秋）や随時入学という学校もあります。

自分に合った回数と時間でスクーリングできます。公立は数が少ないですが、私立の数が増えて通学タイプや学習内容もさまざま用意されています。

・定時制高校への転校

ほとんどが公立高校です。昔は勤労学生のための学校でしたが、不登校の学生も増えてきています。朝から登校しなくてもいいというメリットがありますが、登校が難しいと留年になりやすいのは全日制と同じです。通信制高校のような不登校への細かなサポートは期待できないと考えたほうがいいでしょう。定時制の他に2部制（朝、夜）、多部制（朝、昼、夜）の学校もあります。

・フリースクールへの入学

ゆったりとした雰囲気で学習したいお子さん向けです。同学年だけの小規模から異年齢が集まる大規模までさまざまです。フリースクールは学校教育法上の学校とは認められていないため、ここで勉強しても高校卒業の資格は取れません。通信制高校を併設しているフリースクールもあります。

・サポート校への入学

子どものニーズに合わせたプログラム（学び直し、大学入試対策、スポーツ、芸術など）を用意しています。フリースクールと同様に学校ではなく塾と同じ扱いですので、高校の卒業資格は取れません。ほとんどが通信制高校を併設しています。フリースクールとの違いは高校生を入学対象にしている点だけです。

・家で勉強しながら大学受験を目指す

高卒認定試験（高等学校卒業程度認定試験）に合格すると、高校卒業程度の学力があると認められ、大学、専門学校を受験できます。詳細は文科省のサイト（https://www.mext.go.jp/a_menu/koutou/shiken/05030703/001.htm）をご覧ください。

・全日制高校への転編入

公立の場合は都道府県によって条件はさまざまです。いまの高校に在籍中の場合は、欠員があれば学期ごとに転入試験を受けて合格すれば編入が認められます。転校前の学校の偏差値、履修科目などで条件が定められており、転編入試験の実施が一般的です。一家転住（家族全員での住民票の移動）が求められることもあります。そもそも募集人数が少ないので、現実的にはあまりない選択肢です。私立高校の場合は、学校ごとに違います。

親が主導して決めると子どもの負担になることがある

上記の選択肢は子どもの状況に合わせて検討していきましょう。

「高校に行かせる」という親の気持ちから、次の学校探しを進めるのはよくありません。子どもに「勉強したい」という動機があることが大前提です。まずはここから出発してください。

そのうえで子どもの希望を優先しながら性格や特性に合わせた学校選びをしていきましょう。

欲を出して「全日制へ行って、巻き返したい」と親子で走り出してしまうと、子どもの心が折れて、不登校の生活に逆戻りすることが少なからずあります。

以前勤めていた高校でよくあったケースをお話しします。

4月に入学して精力的に活動していたのに、4月半ばになると欠席がちになってゴールデンウィーク明けからは全く登校しなくなる生徒がいました。後から聞いてみると、中学時代は不登校でほとんど休んでいたというのです。

これは高校で巻き返しがうまくいかなかったケースです。本人が望んで入学していない場合は、途中で登校できなくなる傾向が強いです。これは中学校から高校への進学がうまくいかなかった例ですが、高校から高校への転校でも同じです。

以上の事例からもわかるように、最終的な決断は子どもの意思に任せましょう。

その他、定時制高校やフリースクールなどを検討する場合にも親は焦らずに、子どものペースに合わせて、情報提供をしながら相談相手になるようにしましょう。

子どもは、留年しそうな状況に不安や恐怖、自己否定に陥っている可能性が高いです。親は子どもの気持ちを理解し、「ここにいるだけでいい」「つらい気持ち、わかるよ」「大丈夫だよ、ずっと応援するよ」といった勇気づける言葉をかけることが大切です。

留年は、人生におけるひとつの経験に過ぎません。子どもの心に寄り添い、ともに乗り越えることで、子どもは大きく成長できます。

COLUMN

学びの多様化学校（不登校特例校）という、不登校の子どもが過ごしやすいよう工夫された学校も存在します。

例えば授業の時間数が通常よりも少なくなっていたり、朝が苦手な子どものために授業の開始時間が遅くなっていたりします。全国に小・中・高校が設置（2024年6月現在、公立高21校、私立校14校）されており、一般の学校と同様に卒業資格が取れます。不登校の子どもの人数の増加に合わせて、国は全国で300校の設置を目標としています。設置の状況等の詳細は文部科学省のウェブサイトで確認できます。

通信制高校とフリースクールの後悔しない選び方

中学時代に長く学校に通っていなかった子どもが、高校に入学して、いきなり毎日登校できるようになるのはなかなかハードルが高いです。先述したように高校には留年制度がありますので、ゆっくりと自分のペースで学べる環境がある通信制高校を選択肢として入れてもいいでしょう。


通信制高校を知るためには、まずは学校の概要をつかむことが大切です。

インターネットで「通信制高校」と検索すると、たくさんの情報が得られます。

スクーリング（通学日）の必要日数は、月に2回〜週5日まで幅があって、少ない場合は年に7日ほどしか通わなくてよいという学校もあります。学校によっては、慣れてきたら日数を増やすこともできます（変更のタイミングは、学期ごとや学年ごとなどさまざまです）。クラス形式か個別指導か、運動会や遠足といった学校行事の有無なども学校によって異なります。

スクーリングの日数が多い通信制高校を選ぶ場合は、自宅から1時間以内で通える範囲の学校を候補にすることをおすすめします。大手や全国規模の学校は比較的簡単に検索できます。

「通信制高校おまとめサイト」は、通信制高校が広告料を支払って掲載している場合が多く、広告料に資金をかけない小規模な学校はインターネットの検索で上位に出てきません。必ずしも子どもに合った学校が見つかるとは限らないでしょう。

それよりも、「通信制高校　〇〇県」や「通信制高校　〇〇市」といったシンプルな検索のほうが確実です。地元の小規模校が見つかります。

「大手だから」「有名だから」「小規模だから」いいというわけでもありません。商魂たくましい学校もあれば、サポートがおざなりになりがちの学校など実態はさまざまです。インターネットの口コミよりも、実際に見学に行って学生の様子や担当の先生の話を聞くのがいいでしょう。対面で話すことで細かな情報が手に入ります。

子どもの状況を伝えたときの学校担当者の反応を見る

子どもに合った学校探しで後悔しないためには、学校見学に行ったときにお子さんの状況を包み隠さず話すことです。

親のなかには入学に不利になるのではないかという理由で何も言わない人がいらっしゃいますが、その考えは不要です。しっかりとサポートする体制があるのか、これまで不登校の学生が入学したことがあるのか、気になることを聞いてみましょう。

真摯に向き合ってくださると感じたら、その学校を選択肢に入れていいでしょう。

しかし学校側が怪訝《けげん》な表情を示したり、不登校は困るという態度を見せるようなことがあれば、こちらから願い下げです。生徒を育てる気持ちがある高校に子どもを預けたいわけですから。学校に選ばれるという気持ちではなく、私たちが選んでいくという気持ちで見学に行くとよいと私は考えます。

あまりに選択肢が多すぎると目移りして決められなくなるので、最終的には3～5

校ほどの候補を用意しておきましょう。お子さんが動き出したときにすぐに対応できます。

フリースクールは学校の雰囲気が苦手な子と相性がよい

そもそも学校という雰囲気を苦手に感じるお子さんもいるでしょう。そのようなときはフリースクールを選択肢に入れてもいいかもしれません。スクーリング日数が少ない通信制高校は自宅学習が基本ですが、フリースクールだと自由に登校日を決めることができるというメリットがあります。

フリースクールには3～40人ほどの規模で、同学年が少人数集まるところや、小学生から高校生までの異年齢の子どもの交流が中心のところもあります。個人宅のところもあればビルの1室、古民家などが活動場所となっていて、勉強だけでなくさまざまな体験ができることが特徴です。昔の寺子屋とお伝えすれば、イメージしやすい人もいらっしゃるかもしれません。

私は以前フリースクールでボランティアをしていたのですが、高校生と小学生が一緒に過ごしている空間は、とても温かくてのんびりしていると感じました。小学生、中学生と一緒に調理をしたり、上の学年の子どもが下の学年の子どもの面倒を見たりするのは、フリースクールならではの体験です。

フリースクールは、しっかり勉強をしたいというよりもアットホームな雰囲気で過ごしたい、個別対応でしっかりと子どもを見てほしい、教室の雰囲気がどうにも苦手だ、というお子さんに向いているでしょう。じっと座るのが苦手であったりという特性を持っている子どもにもおすすめです。個人や非営利団体（一般社団法人、NPOなど）が運営していて費用のかかるネット広告には掲載されていない場合が多いので、地域名で検索するようにしましょう。

いずれにせよ、見学をして実際の空気を感じていただいたほうがよくわかります。見学に行ってみると、フリースクールもイメージが変わると思います。全日制と全く変わらないほど明るく元気な校風の学校もあれば、とても静かで落ち着いて学べる学校もあります。フリースクールは地域密着型で不登校の子どもへの熱い想いを持った人や不登校である我が子のために開校している場合が多く、地域の不登校の親の会、学校・相談機関の情報などをもらえるため、その点でも利点は大きいです。

継続的に通うために送迎できる場所を選ぶ

不登校経験のある子どもが、次の学校に進むときにはすぐに以前のように通学できるようにはなかなかなりません。

親がつい期待してしまって、学校が変われば元気に毎日登校できるはずだと思いがちですが、子どもは少しずつ変化するものです。ですから、急に体調が悪くなり、車で送らねばならなくなる可能性は相当高いでしょう。途中で早退することもあるかもしれません。

不登校の子どもは、人目が怖い、大勢の場所が苦手、体力的に弱いといった場合が多く、慣れない電車通学はできるだけ避けたいものです。満員電車を避けられる時間帯や方向を選びましょう。送迎をすることを想定して、備えておくと安心です。

子どもの気持ちを優先して学校を選ぶことが最も大切

留年したときの対処として、他学校への転校やフリースクールへの変更を中心とした選択肢をお伝えしてきました。

留年が決定すると、保護者はその言葉のインパクトに動揺してしまい、「いまの状況」を簡単に受け入れられないでしょう。

どうにかして元のように通学させたいという気持ちになりがちです。

しかし、親が方向性をすべて決めてしまうと、子どもの気持ちを無視することにつながります。勉強を続けることを前提として転校を決めてしまえば、子どもを追い詰めることになりかねないことだってあるのです。

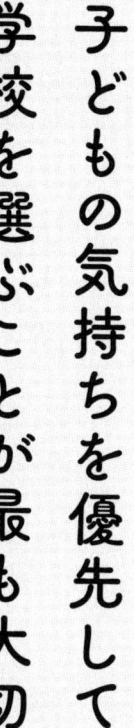

何が言いたいかというと、必ずしも勉強を続けることが子どものためにはならないことがあるのです。そのときは、転校やフリースクールへの変更ではなく別の選択肢を選んだほうがよい結果を生む可能性があります。

実際にあった次の事例をもとに解説していきましょう。

子どもの気持ちを聞いて勉強から離れるという判断も

夏休み明けの9月、高校1年生の息子さんを育てる、ともみさんからご相談がありました。

「通信制高校に3校、問い合わせをしましたが、どの学校の担当者からも『**急いで転学手続きをするように**』と言われました。そんなに急がないとダメでしょうか。まだ息子には、転学の話も留年の話もできていない状況なので、すぐに転学は難しいと思っていて……」

まだ9月の初めだというのに、そんなに急《せ》かすのはおかしいと思った私は、

「どのように担当者にお話ししたのですか？」

と聞いてみました。

すると「以前に大学に進学したいと言っていたので、『大学進学を考えている』と担当者に話しました」とのこと。

なるほど、担当者が転学を急がせる理由がわかりました。原因は「大学進学」という言葉です。高校1年の段階で学校での勉強が遅れている場合、いまから遅れを取り戻して受験勉強へと向かわせないといけないからです。さらに詳しく聞いてみると、ひとつは大手進学塾が経営母体の通信制高校でした。そこは大学受験に強みを持っている学校です。

次の学校を探す際に、考える基準にしてほしいのは「**いま、子どもはどうしたいのか？**」です。子どものニーズ（求めていること）をすべての判断基準にすることが重要です。この話を伝えたうえで、ともみさんに尋ねました。

「いま、子どもは転学して、猛勉強したいと求めていますか？」

「家では、学校や勉強の話をすると表情が硬くなります。勉強はしたくないようなので、猛勉強なんて全く求めていないと思います」

子どもの気持ちは揺れ動いていることが想像できます。お籠もり期に自分の生き方を問い直し、いままでの塾や学校に追い立てられる生活を見直したいと思っているのかもしれません。

子ども自身が以前に「大学進学したい」と言っていたとしても、それはいまの子どもの気持ちにマッチしないかもしれません。常に「**いま、子どものニーズは何か？**」を行動の指針にしてください。

私は相談者さんに子どもの意思を聞くようにアドバイスしました。

1週間ほど経ったある日、ともみさんから返事がありました。子どもから次のような言葉を聞いたとのことでした。

「**いまの学校から離れたい**」

「**ゆっくり家で過ごしたい**」

「**アルバイトしたい**」

これによっていまは転学の時期ではないということが明らかになりました。

もしも、子どものニーズを確かめないままだったらどうなるでしょうか。

仮に相談者の息子さんが、猛勉強が求められる通信制高校に転校することになるとします。でも、すんなりと猛勉強を始められるでしょうか。おそらく1日通って登校拒否になるか、しばらく我慢できても授業を受けるうちに心も体もズタズタになってしまうでしょう。

ともみさんは子どものニーズを聞いて納得はしたものの、落胆されていました。将来がどうなるか不安な気持ちでいっぱいだからです。

私はこのように話しました。

「いまは行くタイミングではないだけです。何も一生家に閉じこもっているわけではないのです。また気持ちが整ったら、勉強を始めるでしょう」

人は自分の力を発揮したいと願い、学ぶ意欲が湧いてくるときが必ず訪れます。

子どものニーズは、無謀だとしても叶える

今度は別のケースを考えてみましょう。子どもが自分から「違う学校でやり直したい。遅れを取り戻したい」と言ってきたケースです。

２４７ページで言えば、転校という手段です。このような場合は、体力的に無理だと思っても、子どもの望みを叶える方向で応援するようにしましょう。無理して途中で行けなくなったとしても、自分で望んで行動すれば、子どもの経験値は上がり、自信となります。この場合は親の声かけがとても大事です（第５章参照）。

「もし、途中で行けなくなったらどうしよう」

こんな不安があなたの心に湧きあがってくるかもしれません。それは勝手に起こってもしないことを想像しているだけです。

心配する気持ちはわかりますが、もう一人立ちさせる時期です。

つまずいても、子ども本人の力でなんとか乗り越えるでしょう。失敗が子どもの経験値となって力となっていきます。いままで先回りしていたとすれば、子どもの経験値を減らし、打たれ弱い子どもにしていたのかもしれません。試練が子どもを成長させると信じて、子どものやりたいようにやらせてあげましょう。

うまくいくことよりも、子どもが自分で決めて、納得してやること自体に価値があります。そして、うまくいかなかったときこそが親の出番です。これまで説明してきたメソッド（第4章の挑戦期参照）を使って勇気づけてください。

大学選びでは通学時間と規模で絞り込む

大学へ進学したものの行けなくなったという私への相談が増加しています。大学の学生課や教授からの話を聞くと、大学に来れなくなる学生の対応に追われているという話も度々耳にします。

文部科学省が発表した「令和4年度 学生の修学状況（中退者・休学者）等に関する調査結果」によると、令和4年度の大学・短大の中退者は**5万2459人**、休学者は**5万4879人**といずれも令和3年から増加しています。

退学理由として「転学等」とともに「学校生活不適応・就学意欲低下」が増加、休学理由では「心身耗弱・疾患」「海外留学」が増加しています。

高校の進路指導部で仕事をしていた10年ほど前から、この傾向は感じていました。複数の大学の担当者から、中途退学や休学する学生が増えてきているという話を聞いていたからです。

大学ではクラスがなく、講義ごとに個人でバラバラに動くために、友人などの横のつながりは自分から声かけをしていかなければなりません。小・中・高のクラスのような40人でまとめられた集団のなかでは友人づくりができても、友人づくりが苦手（人間関係構築能力の低下）の学生が多くなったことで、学内でひとりぼっちになり退学になるケースが多いというのです。

大学側はその対策として、4月の入学当初に新入生オリエンテーション合宿や、ゼミ（高校までのクラスと似た仕組み）のような講義を1回生から導入したり、担任制を設置するようになっています。

このようなことからわかる通り、人間関係を構築する能力が子ども全体で落ちてきているのは、間違いないでしょう。それが不登校経験のある子どもであれば、なおさらでしょう。

ですから、大学に進学しても、友人をつくって、その輪に溶け込んでいくのはなかなか難しいという点を踏まえておいてください。子どもの様子を見ている保護者なら、自分の子どもが大学（専門学校）という環境のなかでやっていけるかどうかがおわかりになるはずです。

自宅から1時間以内にある学校を選択肢に入れる

後悔しない大学選びでは、子どもの体力面を考慮することが基本です。

高校とはあらゆる面で勝手が違って、慣れるまでに時間がかかります。また不登校から立ち直った段階ではリハビリに1～2年ほどはかかりますので、まだ完全復活ではないということを念頭に置くことです。

258ページでも述べましたが、大学選びでもお子さんの体力的な問題から自宅から無理なく通える学校を探すのがよいでしょう。おすすめは自宅から1時間以内にある学校です。しばらく家に引きこもっていると、満員電車で苦しくなる可能性が高いからです。車で送れる範囲であれば手助けは可能です。

一方で、遠方で一人暮らしになる状況は避けたほうがいいです（ただし、子ども本人がどうしても遠方へというのであれば、仕方ありません。できる限り援助してあげてください）。

大学の規模は、小規模（4000人未満）から中規模（4000〜8000人未満）がいいでしょう。学部がたくさんあるような大規模校では、学生へのフォローが手薄になる傾向があります。

近年は学校で孤立する生徒が増加傾向にあることから、入学当初から担任制を敷いている大学もあれば、先輩の学生をメンターとしてつけてくれるといった工夫を施す大学があります。どのくらい手厚く学生に手をかけてくれるか。それが不登校経験のある子どもには大切です。

大学に限らず専門学校や短大もオープンキャンパスに参加して、個別相談のなかで受験時期や難易度を聞いてみてください。学校に通えなかったことを話せば、親身に対応してくれる体制があるかがわかります。

COLUMN

専門学校

ゲームやSNS、アニメなどお子さんの興味の先にあるのは、ITやアニメ産業ではないでしょうか。プログラミングや動画作成、アニメーションを学ぶのなら専門学校への道があります。また、メイクや動物に興味のあるお子さんにも専門学校はおすすめです。大学では絶対に履修する基礎科目（英語など）を学ばなくてもいいのです。自分の好きな分野の勉強を集中的にできるのが専門学校の魅力です。専門学校（2年）を卒業すると「専門士」という資格を取得できます。

こちらも大学と選び方は同じです。オープンキャンパスに参加して実際に体験してみましょう。

一般的に評判がよくても学生の人数が多いと適応が難しいことも

「大学ならどこも同じだろう」とお考えかもしれませんが、それは違います。中学や高校では、学校ごとの違いはそれほど大きくありませんが、大学となると話は別です。大学ごとに環境は大きく異なり、その違いが学生生活に与える影響は非常に大きいのです。

例えば、単科大学（1学科のみ設置）では学生数はおよそ400人程度ですが、総合大学（文学部や工学部など複数の学部を設置）では、学生数が1万人を超えることもあります。このように、大学の規模や学生数には大きな差があり、それが大学の雰囲気を大きく変える要因となります。

私が高校で進路指導部を担当していたとき、大学から送られてくるパンフレットを整理したり、大学の担当者から話を聞いたりしていました。しかし、実際に大学を訪れてみると、パンフレットだけでは伝わらない実情が見えてくるものです。

例えば、校舎内に常にＢＧＭが流れている大学があります。こうした環境は、聴覚過敏の子どもには苦痛に感じられることもあります。

照明を落とし、学校内の照度が暗い雰囲気の大学もあります。これは頭の回転がよくなるように配慮されたものですが、明るすぎる環境が苦手な子どもには向いているかもしれません。

一方で大規模な大学では、近隣の住民が学生食堂を利用することもあり、知らない大人がキャンパス内にいる状況が気になる子どもには不安を感じさせることがあるでしょう。

また、学生の人数の多さに対して敷地が狭く混雑している大学では、不登校経験のある子どもが人混みを苦手として緊張が続くこともあります。おしゃれで派手な学生が多い大学や、逆に非常に真面目な学生が多い大学も存在しますが、これらが必ずしも子どもの性格に合うとは限りません。

このように、大学の雰囲気や環境は実際に訪れてみなければわからないことが多いのです。特に、不登校経験のある子どもは、繊細で感受性が強いため、大学選びには十分な下調べが必要です。

親が先回りをするのはいけませんが、大学進学については不安を抱える人が多いので、親が安心するためにあらかじめ大学の情報を手に入れておくことを私はおすすめします。

ぜひオープンキャンパスや見学会に足を運び、実際の環境を確認してみてください。

不登校の子どものための大学チェックリスト

次ページに大学のオープンキャンパスで最低限チェックしてもらいたいリストを作成しました。こちらを活用して判断してみるとよいでしょう。

おわかりだと思いますが、子どもの気持ちが最優先です。もし子どもがアドバイスを求めてきたら、オープンキャンパスでの感想を聞きながらチェック項目と照らし合

大学チェックリスト

① いざというときに送っていける場所にあるか
② 通学は片道1時間以内か
③ 担任制はあるのか
④ 不登校や孤立した学生へのサポート体制はあるのか
⑤ 就職のサポートは何回あるのか
⑥ 大学周辺の環境は子どもに向いているのか
⑦ 学生の雰囲気は子どもに合っているか
⑧ 保護者への細やかな連絡体制や懇談会があるか
⑨ お子さんの学力でついていける学習レベルか
⑩ 講義教室の大きさはお子さんに合っているか

わせてください。

いくつか学校の見学に行ってみると比較できてどの大学が合っているのかが言いやすくなるでしょう。

現地に足を運ぶことで印象がガラリと変わる

私の息子の場合は、関西で人気の大規模な大学に見学に行ったとき、「人が多すぎて圧迫感を感じるから無理だ」と言い、おっとりした山のなかにある大学を選びました。また、高校教師のときに生徒を大学のオープンキャンパスに連れて行ったことがありますが、図書館や学生食堂の雰囲気が気に入ったからと、志望大学を変更した生徒が毎年多くいました。これは実際にオープンキャンパスに参加したからわかったことであり、インターネットの情報だけではわからないことです。

皆さんも必ず1度は現地に足を運んでください。私は担任をしていた生徒達に大学・短大のどこか3校は必ず見学に行くようにすすめていました。

「たまたま受けた模擬授業の講義が面白かった」「サークルが楽しそう」ということから、一気にモチベーションに火がつくことがあります。思春期の子どもは大人から考えるとたわいのないことからやる気を起こすことがよくあるのです。親はぜひそれを尊重してください。

一般入試だけではなく多様な入試方式を利用する

欠席日数が多いと一般入試でしか受験できないと思っている親子がいらっしゃいますが、そうではありません。欠席日数が多くても、「総合型選抜」や「推薦入試」という入学試験で受験できます。

・8月頃～：総合型選抜

総合型選抜（旧AO入試）は、学力以外に個性や適性、意欲などを総合的に評価する入試方式です。学校長の推薦は不要で、入試内容は面接、小論文、プレゼンテーション、講義を受講しながらその場でレポートを書くなど大学によってさまざまです。詳細は各大学の募集要項を確認する必要があります。一般入試と比べると学力は求められず、学力以外の要素が重視されます。

事前の準備は必要ですが、志望動機や意欲を伝えられると合格の可能性は高くなります。ほとんどが専願です。

・9月頃～：指定校推薦入試

校長の推薦を受けて受験できる入試方法で、合格の可能性が高いことが特徴です。評定平均値、欠席日数、履修科目、学科などの基準を満たし、高校での校内選考で選ばれる必要があります。専願になりますので、必ず入学しなければいけません。

・10月～12月頃：その他の推薦入試（学校推薦、公募推薦など）

大学の出願条件を満たし、学校長の推薦があれば受験できる「公募制推薦」のほか、「スポーツ推薦」「女子特別推薦」「資格推薦」「特別活動推薦」などに分けられる「公募制特別推薦」、大学の出願条件を満たしていれば、学校長の推薦がなく受験できる「公募（自己）推薦」などがあります。専願か併願かは大学ごとに異なります。

この他にも多種多様な推薦入試方式があります。オープンキャンパスで気に入った大学を見つけて、個別の相談ブースで質問してみてください。その大学の入試について細かく教えてくれます。

それぞれ受験資格をよく読んで探してみると、総合型選抜や推薦で受験できる大学が見つかるはずです。時期が遅くなるほど、難易度が高くなるので、夏の総合選抜から狙っていくのがよいでしょう。相談は入試本番を迎える前に早めにしましょう。もちろん、お子さんの気持ちが大学へ向かっている状態になるのが大前提です。

競争に疲れたお子さんが、このような入試を乗り越えられるだけのメンタリティはないかもしれません。保護者がある程度調べるか、高校や塾、フリースクールの先生のアドバイスを受けてもいいでしょう。

やみくもに、一般入試しか受験できないと考えているのはもったいないので、保護者はこのような受験方式があるという点を把握して、さりげなくサポートしてください。

第６章まで親が不登校の子どものためにできることをお伝えしてきました。ここまでのお話を理解して、行動に移していただければ、必ずお子さんは前へと進むようになるでしょう。

一方で、私が普段不登校の子を持つ親と接しているなかで感じることは、親の皆さんはとても多くの悩みを抱えていらっしゃるということです。ただ、悩みを抱えていると、固定観念にとらわれ、視野が狭くなりがちです。偏った見方をしていると不登校の子どもに柔軟な対応をすることができなくなります。

ここでは実際に不登校のことでよく相談を受ける内容をＱ＆Ａ形式で掲載しました。悩みを解決するためのヒントとして活用していただくことはもちろん、「他の人も同じ悩みがあるのだな」と気持ちを楽にしていただければと思います。

付録

不登校Q＆A

よくある質問集

Q1

子どもが昼夜逆転になってしまいました。このまま見守っていくとどんどん悪化して一生元に戻らなくなるのではないかという不安に襲われます。

毎朝起きて元気に登校していた頃に比べると、不安になるのは当然です。一生このままなのではないかという悪い想像を抱くお気持ちもよくわかります。

私の教え子たち（高校、専門学校）は、口を開けば「**眠い、眠い**」と言っています。いま一番したいことを聞くと、「寝ること」とよく答えます。毎日登校している学生たちだって、夏休みなどの長期休暇になると、遅く寝て遅く起きる習慣が一時的に身につきます。短期的な昼夜逆転の状態です。

何が言いたいかというと、思春期は成長期なので、よく寝るのが当たり前なのです。

私の子どもたちだってもう20歳を超えていますが、現在も休日はお昼まで寝ています。若いときはよく寝るものなのです。2万人を超える教え子たちを見てきたので、これは間違いありません。

ですから、しっかりと睡眠時間（7時間以上）が取れているのであれば、昼夜逆転は心配ありません。

睡眠は脳と体の疲労を回復させ、心身の安定を保つ働きがあります。

不登校のお子さんは学校に行けないストレスや不安などから、心身ともに疲弊している場合が多く、睡眠時間が長くなるのはそういった理由も大きいでしょう。

むしろ、心配なのは睡眠不足のほうです。

年齢によって必要な睡眠時間は異なりますが、18〜65歳は7〜9時間程度が推奨されています。もしも上記よりも少ない時間になっているようでしたら、睡眠を改善する必要があるでしょう。なお、夜に眠れていなくても昼寝で補っているのであれば心配ありません。起床時間よりも睡眠時間のほうが大事だからです。

また、最近では「睡眠の質」という言葉をよく聞くようになりましたが、そこまで考え出すと大変ですから、いまは睡眠時間の確保だけを念頭に置いていただければ大丈夫です。

Q2

担任の先生へ言いたいことがありますが、迷惑をかけていて申し訳ない気持ちが強く、つい言いたいことを我慢してしまいます。

不登校で迷惑をかけているのに、これ以上手間を取らすのは申し訳ないと思ってしまう親は少なくありません。教師は多忙だと言われているので、なおさらです。不登校の子を持つ親は控えめで心優しい方が多いのです。

まず親にしていただきたいのは、ご自分の思いを遠慮せずに担任に話すことです。

なぜなら担任もどうしていいのか判断に困っているからです。不登校の生徒に何か手助けをしたいけれど、保護者によっては「そっとしておいてほしい」という人もいればば「どんどん連絡がほしい」という人もいます。

多くの担任の先生は生徒が心配ですから、相談してもらうことによって支援の糸口を見つけたいと考えています。もちろん過度な要求や頻繁な相談には応じられないかもしれません。

ただギリギリまで遠慮して言わずに、悩み抜いて考えたことをいきなり担任にリクエストしてしまうと、時間がなくて対応しきれないことや、親と担任との根本的な認識のズレからトラブルが生まれやすくなります。ですから、定期的に担任と相談しておくことでお互いの気持ちを擦り合わせておくことが大切です。

なぜ、そうしてほしいのか。

これまでどのようにしてきたのかなど話してみましょう。

例えば、子どもが遅刻して登校をしたときにクラスメイトの視線がつらくて、教室に入りづらいことに悩んでいたとしましょう。このとき、担任の先生に何かサポートしてもらいたいことを伝えるだけではもったいないです。

お子さんの生活の様子を伝えれば、担任の先生からアイデアを出してくれるかもしれません。

親が家庭での扱いに疲れていることを伝えるのもいいですね。相談相手が疲れている様子を聞くとなんとかしたいと思うのが人の心理です。

クラスで仲のよい友人の隣の座席にしてみるという提案が出るかもしれません。これがいきなり「Aさんの隣の席にしてほしい」という話だけだと、担任も判断しかねてしまうものなのです。

なお、担任の先生とのお話の場を設けるときは次の手順を取るといいでしょう。

最初に事前にアポイントを取ります。アポイントなしだと、他の業務の関係もあって、集中して聞けなかったり、時間の都合上、途中で切り上げなくてはならなかったりすることもあるためです。

会話形式は電話でも大丈夫ですが、おすすめは対面です。お互いに腹を割って話せます。最初は1時間ぐらいを目途にお話しするとよいでしょう。1度じっくり話をすると、その後は電話で10分程度の連絡で済むようになります。

担任はなんとか力になりたいと思っている人が多いのは事実です。なかには不登校に根性論を持って臨む先生もいますが、基本的に教師は世話好きで、生徒想いの人が多いので、協力を仰げば乗ってくれるはずです。担任の先生とうまく関係を築ければ、子どもへのサポートがうまくいくようになります。

Q3 担任との相性が悪く、何度お願いしても聞いてもらえません。

子どもが不登校になって頼りたいのに、相性が悪いと気持ちがしんどいですよね。お願いを聞いてもらえないと、子どもの相手をするのが嫌なのではないのかという不信感も湧いてきて、なんとも憂鬱な気持ちになってしまうことでしょう。

教師といえども人間ですので、保護者と相性が合わないこともあるかもしれません。

担任と相性が合わないときは、学年主任、教頭、校長、養護教諭、支援学級の先生に子どもの様子を知ってもらいましょう。多くの学校関係者を巻き込んで、子どもの理解者を増やしていくのです。

そんなことをしていいのかと思われるかもしれませんが、次のポイントを守れば大丈夫です。

それは順番です。教頭、校長に相談するときは、まず担任にひと声かけてください。いきなり管理職（教頭、校長）へ話が飛ぶと、担任の立場が不利になるからです。そうなれば、あなたへの不信感が生まれて、お子さんへの対応がしっかりなされない恐れがあります。仕事ですから、どの生徒にも同様に接していきますが、感情的な面でお子さんが不利になってしまう可能性は防ぎましょう。

このように言ってみましょう。

「1度、教頭先生とお話ししたいのですが、連絡を取っていただけますか？」

これでOKです。もし、「なぜですか？」と聞かれたら、

「子どものことでいろいろ悩んでいまして教頭先生に相談したいからです。何かいい手立てがあればお聞きしたいのです」

と答えましょう。

担任によって不登校の子どもの様子を報告していない場合もあります。残念ですが不登校への理解が乏しかったり、やる気が見られない教師がいるのも事実です。そういったときは遠慮せずに他の学校関係者にコンタクトを取りましょう。

Q4

息子が高校3年から不登校になって2年が過ぎてしまいました。家族との会話はあり、普通に暮らしていますが、このままずっと家にいるのかと思うと、子どもの将来が不安でたまりません。

子どもに笑顔があり、病的な症状がないのであれば問題はありません。家族との会話があるというのは、とてもいいことです。とはいえ、社会参加できていないという状況は、将来的に自分が死んだ後、暮らしていけるのかと不安になったりもすることでしょう。

ずっと家にいるということから、お籠もり期だと判断できます。次のステージの扉開く期への移行がいつかと、焦っているのかもしれませんが、時間が経てば自然と移行します。親ができることは親子関係をよくするために１６７〜１９０ページ記載の接し方を心がけてください。

そして扉開く期が来たら、学校という選択肢だけではなく、さまざまな方向で外の世界に出ることが考えられます。

学校に再び通うことは受験や入学手続きが必要となって、かなりエネルギーが必要だからです。現実的にはアルバイトから始めてみる子どもが多い印象です。

作業系の仕事だと単純な仕事ではありますが、自分の力でお金を得るという体験が子どもに自信を与えます。外に出るのが苦手であれば在宅ワークで収入を得るという方法もあります。お籠もり期に時間を費やしてやっていたこと、例えば、イラストや動画編集の技術を使って、在宅ワークする子どもも実際にいます。

ただ、これには注意点があります。何度もお伝えしていることですが、親が先回りしないことが大事です。子どもが何かしたいと気持ちが高まってから動き出してください。「**やってみよう**」という気持ちが生まれるかどうかがポイントです。

挑戦してからは、トライ&エラーのなかから、子どもの自立の道を探っていきましょう。仕事の体験から自信がつき、学ぶ意欲が生まれる可能性があります。同級生に遅れて大学、専門学校などに入る子どももいます。他の子どもとは違うルートでもいいではありませんか。子どものやりたいように環境を整えていきましょう。

Q5

不登校の子どものために、仕事を辞めたほうがいいですか？

子どもが心配なあまり、仕事を辞めようかというご相談を受けることがあります。事実、2024年にNPO法人キーデザインが発表した調査によれば、不登校の子どもを持つ親の5人に1人が退職や休職を選んでいます。

私はできるだけ仕事は辞めないほうがいいと考えています。

仕事を辞めると、子どもに過度に集中する可能性が高くなります。いつも子どもと接することができる環境にいるようになると、皆さん自身の気持ちの逃げ場がなくなって、メンタル面の悪化につながります。親が先にメンタル疾患になると大変です。また子どもにとっても親が四六時中家にいると、息苦しくなる可能性も否定できません。「自分のせいで母親が仕事を辞めた」という罪悪感を抱いてしまう子どももいらっしゃいます。

実は私も、仕事を辞めようと思った時期がありました。子どもがつらい時期にそばにいてあげられない自分は親として失格ではないのか。自分の子どもをまともに育てられないのに、教え子の指導などやってもいいのかと葛藤していたのです。

当時は高校3年生の担任をしていて、度々遅刻や早退する自分を情けなく思っていました。しかし、教室での教え子の笑顔、職員室で同僚との他愛ない会話は、暗い気持ちを癒やす貴重な時間でした。無理して笑顔をつくっていましたが、その一瞬は苦しみを忘れました。仕事をしていてよかったと、外出できる場所があるというありがたさをこのときほど感じたことはありません。

皆さんも仕事で家から離れることで、気分転換になって笑顔になる場面もあるのではないでしょうか。

なお例外は、子どもが自殺を図る可能性がある場合です。このときはそばにいてほしいのですが、その判断はお子さんの状態をよく見て決めてほしいのです。

- **幻聴・幻覚**
- **自殺をほのめかす**
- **自殺未遂があった**

これらのケースはすぐに専門機関に相談してください。

そうでない場合は、しばらく様子を見てください。そのうえで必要であれば、仕事を完全に辞めてしまうのではなく、早出や早退、勤務時間の短縮などで調整するとよいでしょう。一定期間休ませてもらうよう勤務先に相談したり、パートナーや祖父、祖母、親戚などにお願いして家にいてもらうのもひとつの方法です。

不登校に関する問い合わせ＆相談先リスト

不登校の問題に悩んでいると一人で抱えきれなくなることがあります。ここでは公的機関を中心にサポートを求められる機関等のリストを作成しました。もしものときにご活用ください。

子どもからの暴力の相談

・児童相談所

https://www.cfa.go.jp/policies/jidougyakutai/jisou-ichiran

・警察の少年相談窓口

https://www.npa.go.jp/bureau/safetylife/syonen/soudan.html

子どもの自傷行為についての相談

・保健所

https://www.mhlw.go.jp/stf/seisakunitsuite/bunya/kenkou_iryou/kenkou/hokenjo/index.html

・精神福祉保健センター

https://www.mhlw.go.jp/seisakunitsuite/bunya/kenkou_iryou/iyakuhin/yakubutsuranyou_taisaku/hoken_fukushi/index.html

・教育センター

https://www.mext.go.jp/a_menu/shotou/kenkyu/1225078.htm

いじめの相談

・みんなの人権110番

https://www.moj.go.jp/JINKEN/jinken20.html

子どもの引きこもりの相談等

・全国の引きこもり地域支援センター

https://www.mhlw.go.jp/bunya/seikatsuhogo/dl/hikikomori05.pdf

・ひきこもりの各種情報

https://hikikomori-voice-station.mhlw.go.jp/support/

※QRコードは各機関のホームページの更新等によって予告なく読み込めなくなる場合がございます。

各章の大事なポイントの答え

第2章の大事なポイント

ポイント①葛藤期
不登校かどうかは、午後の 体調 で判断する

ポイント②諦め期
生活リズムが乱れて、子どもは 勉強 をしなくなる

ポイント③お籠もり期
多くの不登校の子どもが「 人の目が怖い 」と言う

ポイント④お籠もり期
一人になる時間を持つことで
子どもが 心のエネルギー を充電し始める

ポイント⑤扉開く期
子どもから 前向きな な言葉が出るようになる

ポイント⑥挑戦期
自分の 考え や 気持ち を
親に話すようになる

第3章の大事なポイント

ポイント①
急いで不登校を解決しようとすると
親への 不信感 が生まれる

ポイント②
不登校の子どもは
「心の 根っこ 」が折れやすい

ポイント③
心の根っこが十分に育たない原因は
親の 過干渉 にある

ポイント④
親のメンタルは良いこと書き出す
「スリー・ グッド ・シングス」で整える

ポイント⑤
親の 笑顔 が増えれば、
家庭での衝突がだんだん減ってくる

第4章の大事なポイント

ポイント①葛藤期
親が主導権を握って、
「いつ 登校 するのか」と尋ねるのはやめる

ポイント②諦め期
子どもの「 ほっといてくれ オーラ」を察知して
根気よく見守る

ポイント③お籠もり期
子どもの 上質 世界を認めると距離が縮まる

ポイント④扉開く期
子どもがちょっと動き出したからといって
親は 大喜び しない

ポイント⑤挑戦期
結果ではなく、「 プロセス 」を褒めて
子どもの背中をそっと押す

第6章の大事なポイント

ポイント①
高校留年は、 一学年下 の生徒と
同じ学級になって疎外感を感じやすい

ポイント②
通信制高校では
不登児への サポート体制 を確認する

ポイント③
フリースクールは、
学校の 雰囲気 が苦手な子に向いている

ポイント④
大学の規模は
小規模 から 中規模 がおすすめ

ポイント⑤
欠席日数が多くても、一般入試以外に
「 総合型選抜 」や「 推薦入試 」で受験できる

著者紹介

野々はなこ（のの・はなこ）

不登校専門家。ウェルビーイング教育コーチ。OMORO教育研究所主宰。
大阪府生まれ。大学を卒業後、高校教師を務めて30年以上。担任、保健室担当、特別支援教育コーディネーターとして不登校、発達障害やメンタル不全の生徒たちと長年関わってきた経験を持つ。プライベートでは子ども２人が不登校になったが、心理学や脳科学、栄養学などを学び、それらを子どもの教育に取り入れたことで２人とも大学進学するまで回復させることに成功。不登校の子を持つ母親としての経験と、教育のプロとしての経験をノウハウ化した「不登校回復講座」は口コミで話題となり、全国各地から受講者が訪れる。不登校で悩む保護者を応援するために改善の秘訣を発信しているブロガーであるほか、ウェルビーイング教育の普及活動も行っている。本書が初の著作。

誰《だれ》にも頼《たよ》れない 不登校《ふとうこう》の子《こ》の親《おや》のための本《ほん》　〈検印省略〉

2025年 2 月 14 日 第 1 刷発行
2025年 8 月 5 日 第 2 刷発行

著　者——野々 はなこ（のの・はなこ）
発行者——田賀井 弘毅

発行所——株式会社あさ出版
〒171-0022 東京都豊島区南池袋 2-9-9 第一池袋ホワイトビル 6F
電　話 03 (3983) 3225 (販売)
03 (3983) 3227 (編集)
F A X 03 (3983) 3226
U R L http://www.asa21.com/
E-mail info@asa21.com
印刷・製本 (株)ベルツ

note http://note.com/asapublishing/
facebook http://www.facebook.com/asapublishing
X https://x.com/asapublishing

ISBN978-4-86667-733-0 C2037